Ⓢ新潮新書

波多野澄雄　赤木完爾
HATANO Sumio　AKAGI Kanji
川島 真　戸部良一　松元 崇
KAWASHIMA Shin　TOBE Ryoichi　MATSUMOTO Takashi

決定版

大東亜戦争

(上)

913

新潮社

決定版　大東亜戦争（上）――目次

Ⅱ　共栄圏の政治・経済

（下）目次

大東亜戦争期の太平洋・東南アジア
東京
日本
中部太平洋方面
ウェーク島
マリアナ諸島
サイパン島
テニアン島
グアム島
太平洋
ヤップ島
クェゼリン島
パラオ島
ペリリュー島
トラック諸島
マーシャル諸島
カロリン諸島
ポナペ島
ヤルート島
クサイ島
南東太平洋方面
ビアク島
アドミラルティ諸島
ギルバート諸島
ウェワク
ラバウル
ニューギニア
ブーゲンビル島
ラエ
ニューブリテン島
ソロモン諸島
サラモア
ポートモレスビー
ガダルカナル島
アラフラ海
珊瑚海

中華民国
南京
上海
漢口
重慶
インパール
昆明
拉孟
ビルマ
台湾
マンダレー
ハノイ
アキャブ
比島方面
海南島
ラングーン
ルソン島
タイ
フランス領インドシナ
南シナ海
マニラ
バンコク
フィリピン諸島
アンダマン諸島
ミンドロ島
サマール島
レイテ島
サイゴン
ミンダナオ島
ダバオ
サンダカン
ニコバル島
ペナン
コタバル
ブルネイ
タラカン島
モロタイ島
サラワク
シンガポール
ボルネオ
スマトラ
バリクパパン
南西太平洋方面
スラバヤ
ジャワ島
チモール島
オランダ領東インド
(インドネシア)
インド洋
ダーウィン
オーストラリア
0
1000km

はじめに――なぜ、「大東亜戦争」なのか

波多野澄雄

「先の大戦」の性格について、論壇で盛んに議論されたのは一九六〇年代であった。その先鞭をつけた上山春平は、次のように論じた。

日本国民は、あの戦争について、戦中の国民をとりこにした「大東亜戦争史観」、敗戦後はアメリカ側からみた「太平洋戦争史観」を国民的規模で受け入れてきた。しかし、これらの史観は本質的に国家利益と結び付いた政治的イデオロギーであったにもかかわらず、普遍的な価値尺度として受け入れてきた、と。

上山が敢えて「大東亜戦争」という言葉を用いて占領時代からのタブーに挑戦したのは、戦後言論界の一種の「錯誤」を打破することにあったという。その錯誤とは、「太平洋戦争」の名のもとに、占領軍が提供した戦争解釈を無条件に受け入れ、他方においては「大東亜戦争」という戦争解釈を丸ごと拒否する考え方を指している。

こうした上山の議論は、広く受け容れられてきた。ただ、太平洋戦争史観に限れば、

日米関係の緊密化の進展で、今や「政治的イデオロギー」とみなされず、教科書にも標準的な呼称として記載されている。しかし、呼称としての「太平洋戦争」の定着は、戦争観の収斂を意味しなかった。むしろ逆であった。

一方、上山と同じ頃、竹内好は、日本の対外戦争のうち、「大東亜戦争」には固有な性格があった。それは何かというと、日本人がアジアを主体的に考え、アジアの運命の打開を、自分の責任でアジアを変えようとした。少なくともそれを意図し、あるいは看板にした、ということは忘れてはならない」と論じた。

ところで、クラウゼヴィッツの『戦争論』は、あれだけ詳細に戦争と政治の関係や戦略、戦術の実際を論じながら、戦争の「正邪」については全く触れていない。国際紛争を解決する手段としての戦争は、正邪という観点からみるべきではないという考えは、彼が生きた一九世紀には徹底していた。

しかし二〇世紀になると、政治家も軍人もしきりに「正義」を口にするようになり、この傾向は第二次世界大戦において頂点に達し、勝者の正義やイデオロギーによって敗者が裁かれねばならない構造になっていた。このことも考慮しつつ、ここでは上記二人の論客が提起した問題を手掛かりとして、「大東亜戦争」の意味や内実、取り残されてきた問題について考えてみる。

複合戦争

「先の大戦」は、真珠湾攻撃に始まる日米戦争、主に東南アジアを舞台とした日英戦争、一九三七年に始まる日中戦争（支那事変）、終戦前後の日ソ戦争という、四つの戦争の「複合戦争」であった。米英中ソの四大連合国の結束は辛うじて維持されたが、それぞれが担った戦場の様相も、今に残る傷痕もそれぞれ異なる。

なかでも日米戦争は、戦域の広がりと伸縮性において他を凌駕する。ペリリュー島や硫黄島のように、戦線の後退によって孤島に取り残され、絶望的な戦いを強いられた兵士は数十万にも及ぶ。さらに沖縄戦は多数の非戦闘員を巻き込み、二〇万人以上が犠牲となった。こうした激戦にもかかわらず、戦後の日米間には、両国関係を揺るがすほどの歴史問題が噴出することはなかった。冷戦をともに戦う日米の結束力がそれを抑えていたからである。

日米戦争に次ぐ四〇万人以上の戦死者を出したのが日中戦争である。他国民に与えた被害という点では日米戦争をはるかに凌駕する。中国では日本軍による戦争犯罪を問い、謝罪や補償を求める運動が世代を超えて展開され、日本政府を相手とした裁判が今日まで続いている。

戦争目的をめぐる混迷

開戦とともに発布された開戦詔書は、帝国日本は「自存自衛」のため、決然として起つと、国民に訴えかけた。アジア太平洋地域に設定した権益を擁護し、生存に必要な戦略資源を確保するという目標——自存自衛のために戦端を開いたのであった。

しかし、開戦にいたる国策決定文書をたどると、「自存自衛」と「大東亜新秩序建設」が繰り返し現れている。軍レベルでも、大本営海軍部が連合艦隊に発した最初の命令には「自存自衛の為」とされ、大本営陸軍部のそれは「帝国の自存自衛を完うし大東亜の新秩序を建設する為」とされている。第13章の庄司論文（下巻所収）が指摘するように、こうした二つの戦争目的の併存は、陸海軍や政府の戦争指導や軍事作戦のあり方を左右し、戦争呼称にも大きな影響を与えることになる。

「大東亜新秩序の建設」とは、端的に、西欧植民地支配からアジアを解放し、日本を盟主とする新たな秩序を形成することであった。開戦以前において、様々なアジア解放論が存在し、それが日本の使命であると説く政軍指導者や言論人は少なくなかった。しかし、開戦は自存自衛が脅かされたためだ、と公的には認識されたからであり、西欧の植民地支配の是非を死活的な争点として戦争に突入したのではなかった。

ところが、開戦直後の第七九帝国議会（四二年一月）において、東條英機首相が、「東亜の解放」やビルマ、フィリピンの「独立許与」の方針を打ち出したことによって、アジア解放論は公式の戦争目的の地位に押し上げられていく。東南アジアに占領地が拡大するにつれ、「アジアの解放」は、単なるスローガンではなく、現実の政策課題となるのである。

ところで、ヨーロッパの戦争と比較して「大東亜」を舞台とする戦争のきわだった特徴は、欧米列強の植民地が戦場となり、とくに東南アジア地域の多くが日本の軍政下におかれ、現地住民が様々な形で戦争に巻き込まれたことである。日本の軍事的進出は植民地権力を崩壊させ、長く停滞した社会に流動性をもたらした。

そこで日本が直面したのは、占領地の諸民族をいかに処遇するか、という難題であった。第一次大戦後の「民族自決主義」の国際潮流を踏まえたとき、民族の「独立」や「自治」に配慮しない、単なる「植民地主義」の貫徹は避けねばならなかったからである。軍の立場では、現地住民を戦争に協力させ、資源供給地としての役割を徹底させるため、軍政下におくことが効果的であった。自治や独立の容認は住民の反抗や独立運動を呼び起こす恐れがあった。

他方、外交当局は、自主独立の容認こそが住民の戦争協力を促し、さらに戦後の「民族自決」の潮流を見すえた場合にも、必要な措置と考えた。一九四三年のビルマやフィリピンの独立、大東亜共同宣言などは、現地の指導者や占領当局をも巻き込んだ二つの立場の葛藤の産物に他ならなかった（第4章参照）。

いずれにせよ、東南アジアにおける大東亜戦争は、連合国との戦争を主軸としながらも、現地の占領当局の思惑や現地住民の抵抗や協力の動きなどが複雑に絡み合って展開したが、戦争が脱植民地化の動きに刺激を与えたことは紛れもない事実である。

激戦が続くなかで実行されたビルマ、フィリピンの独立や大東亜会議、そして仏印（フランス領インドシナ）の解放などは、戦時外相としての重光葵《まもる》が主導した政策であった。重光は、盟主論的な「大東亜共栄圏」構想と格闘しつつ、アジア諸国の植民地支配からの解放に一定の道筋をつけようとした（同上）。戦時の制約から、それは不完全なものにとどまったとはいえ、独立や自治の努力や実績は、日本と東南アジア地域にとってどのような意味をもったのであろうか。確かなことは、戦後の、いわゆる「第三世界」のナショナリズムの台頭に直結したわけではないことである。そこに、東南アジア世界を包摂する大東亜戦争は何のための戦いだったのかを改めて問う一つの意味があろう。

遠ざかる日中戦争

多くの日本人にとって「先の大戦」における敗北とは、米英の軍事力への屈服であり、中国に対する敗北ではなかった。実際、「開戦の詔書」に対応して発布された「終戦の詔書」は英米との戦争の終結を宣言するものでしかなかった。

評論家の村上兵衛は、「あの戦争に関する解釈について国民的規模で学習する機会をもったのは日本人だけだ。独自の国民的体験こそ貴重なものだ」と述べた先の上山の論文について、「多くの日本人はまだ、あの戦争について視点を決めかねている。……大東亜戦争とりわけ対中国戦争はわれわれ日本人にとって何であったか、あくまで泥沼のなかを這いまわることの方がなお必要である」と応じている。村上が、大東亜戦争とは「われわれにとって何であったか」と問う際、その中心には日中戦争があった。

中国から見ると侵略者に対する愛国勢力の抵抗という点で「抗日戦争」は疑う余地が

ない。しかし、中国大陸には日本と戦わない道を選択し、自国が抱える諸問題を解決しようとした勢力もあった。日本と戦わない地域は徐々に増え、一九三九年には傀儡政権を統合した蒙疆連合自治政府が成立し、さらに汪兆銘政権が加わって上海や北京など枢要都市を含む大きな勢力に拡大していた。日本と戦わない、これらの「親日政権」と日本との間の交易や人的往来は絶えることはなかった。

こうした不完全な戦争をどう把握すべきだろうか。戦後中国を支配した政権が、日本の交戦相手であった国民党ではなく共産党であったことも、曇りのない眼で日中戦争を検証する機会を奪い、共有可能な戦争観の形成を妨げてきた。

抗日戦争に収斂されてしまう日中戦争観には、違和感を抱く日本人は少なくない。

帝国日本という視点

複合戦争としての「先の大戦」は、朝鮮や台湾を含む帝国圏の全般に及んだ。たとえば、大亜細亜協会の活動は、帝国圏をも超え、文明史的には東アジア儒教、仏教、道教圏だけでなく、ヒンドゥー教圏、さらには東南アジアからアラブ世界にも及ぶイスラム教圏をも対象とし、他のアジア主義団体と異なる広範なネットワークを形成していた。

インドネシア、ベトナム、インド、フィリピンなどの各地の独立運動家が協会にかかわった。戦後に保守政党の結成にも加わることになる岸信介や中谷武世らを含む大亜細亜協会のアジア解放論は、戦争の目的ではなく原因となっていたかも知れないのである。

いずれにせよ、「先の大戦」を支える総力戦体制の構築は一億近くの「帝国臣民」の三割を占める植民地異民族の動員なくしてはなしえなかった。とくに、帝国日本のなかで領土の三二%、人口の二二%を占めた朝鮮半島における物的、人的動員は、総力戦体制の主要部分を支えたのである。

多民族国家としての帝国日本の戦争は、広く植民地や占領地の視点からもとらえ直さなければならない。クリストファー・ソーンの代表作、『米英にとっての太平洋戦争』は、まさに帝国日本の戦争を「米英同盟」の視点から錯綜する人種問題、経済問題、戦略上の問題を多面的に観察している。英米間の戦争目的をめぐるぎくしゃくした関係や、それが重慶政権の扱いに与える影響などが綿密に分析されている。連合国から「先の大戦」を観察するとき、日本人が描く地平よりも格段に広く深いことが解る。換言すれば、「解放」か「侵略」か、といった狭い倫理的観点にとらわれていては、この戦争の意味を問うことは難しいのである。

「先の大戦」は、評価を急ぐより、「大東亜戦争」がカバーした幅広い領域における多様な営みや、その奥深さや豊かさを理解することが必要ではなかろうか。

ところで、大東亜戦争という言葉は、緒戦の戦果にわくなかで日本人に定着し、いわば「顕教」となったが、戦後には、触れざるべき「密教」と化し、代わって占領軍によって提供された「太平洋戦争」という言葉が定着してきた。その背景には、戦後日本の「平和主義」がある。

このことについて福田恆存は、「真の日本の崩壊は、敗ける戦争を起こしたことにあったのではなく、また敗けた事にあったのではなく、その後で間違った過去を自ら否定することによって今や新しい曙が来ると思った事に始ったといへます。」（「『世代の断絶』といふ事」一九七〇年）と論じた。

ともあれ、戦後日本は、「平和」を安易に語ることによって、戦争の悲惨さと平和の尊さを説こうとしてきたが、日本人が主体を賭した戦争を抽象化し、平和を声高に説くわりには、戦争のリアルな実相についての認識を持てなかったように見える。

「太平洋戦争」という言葉は日米同盟の深化とともに、やがてイデオロギー性を失っていったが、それに合わせるかのように、日本人が主体的意志をもって戦った「先の大戦」についての認識も薄れていった。敢えて「大東亜戦争」と冠した本書が、戦争の実相や奥深さを伝える第一歩となれば幸いである。「大東亜戦争」を復活させようというのではないが、少なくとも「顕教」と化して久しい「太平洋戦争」という認識だけは、いったん壊してみる必要があると思うのである。

言うまでもなく、以上の見方は本書の筆者に共有されているわけではなく、個人的なものであることをお断りしておきたい。

二〇二一年六月

波多野澄雄

【参考文献】

上山春平「大東亜戦争の思想史的意義」（『中央公論』一九六一年九月号）、同「再び大東亜戦争の意義について」（同誌一九六四年三月号）
竹内好『日本とアジア』（竹内好評論集　第三巻）筑摩書房、一九六六年
村上兵衛「大東亜戦争私観」（『中央公論』一九六三年三月号）
クリストファー・ソーン（市川洋一訳）『米英にとっての太平洋戦争』（上・下）、草思社、一九九五年
松浦正孝『「大東亜戦争」はなぜ起きたのか――汎アジア主義の政治経済史』名古屋大学出版会、二〇一〇年
波多野澄雄『太平洋戦争とアジア外交』東京大学出版会、一九九六年

I　開戦と戦略

第1章　日本の戦争指導計画と作戦展開

波多野澄雄

はじめに

一九四一（昭和一六）年一二月八日の真珠湾攻撃の翌日、作家の伊藤整はその日記に、「今日は人々みな喜色ありて明るい。昨日とはまるで違う」と書き留めている。

日本にとって、宣戦布告による本格的な戦争は第一次大戦における対独宣戦以来のことであった。むろん、この間には中国やソ連との紛争が絶えず、ことに中国とは一九三七年の日華事変以来、宣戦布告こそないものの事実上戦争状態にあった。この日華事変が有効な解決手段もなく、いたずらに国力を消耗してゆく中で、事変の背後には東洋の植民地化をねらう英米が存在し、この英米を駆逐しない限り、東アジアの安定と平和はありえないという考え方が国民に共通のものとなり、いい知れぬ重苦しさが国民の心を深く覆っていた。

真珠湾攻撃は、確かにこうした重苦しさを一挙に取り払った。宣戦の詔書も、欧米列強による経済的、軍事的圧迫と脅威の増大とは、東アジアの安定を目標とした日本の積年の努力を踏みにじるばかりか、日本の生存を脅かすにいたり、「自存自衛」の為に決然として起つ、と訴えかけた。

そして、日本の戦争目的はこの自存自衛のみでは収まらなかった。戦争指導計画の作成に当たっていた陸軍省の一幕僚が記しているように、「一度戦争が起こったから、もはや大東亜共栄圏の確立なり大東亜新秩序を建設するなりのところまで行かなければ終わるまい」という感覚が、長期戦を前提とした「大東亜解放」を戦争目的の一つに押し上げていく。

一九四二年元旦、東郷茂徳外相は年頭の外務省員に対する訓示で、「力及ばずして戦争になってしまったが、われわれは此の戦争を日本に最も有利な機会に切りあげなければならない」と、そのための準備と研究を促した。

しかし、こうした期待に応える戦争指導は容易ではなかった。世界の主要国のすべてが友敵関係に分かれ有力なレフェリーが存在しないこと、さらに、日米英戦争は、ヨーロッパの戦争――米独戦争、独ソ戦争に大きく制約されていたこと、これらが、戦争の早期終結を難しくしていた。

陸海軍の作戦当局もこの戦争が短期間で終了するものとは考えなかった。アメリカは軍備において対日優位を確立するまで決戦を避けるだろうし、また日本海軍が短期決戦を挑んだとしてもアメリカを屈服させることは不可能であり、従って、「長期総力戦」は避けられない、という判断は開戦の三カ月前からのものであった。アメリカの屈服が不可能とすれば、この戦争をいかに終結に導くのか、自力でそれが可能なのか、政軍の指導者はその鍵を何処に求めたのであろうか。

グランド・ストラテジー

米国領土を直接攻撃した真珠湾奇襲は、アメリカにとっては対日抑止戦略の破綻ではあったが、ローズヴェルト政権のスムーズな参戦を導くのに絶大な効果を発揮した。しかし、アメリカは対日参戦によってヨーロッパ第一主義の戦略を転換させたわけではなかった。ドイツの打倒を最優先目標としてイギリスを強力に支援し、アジアにおいては守勢的な対日抑止を保つという、開戦前からの基本戦略に変化はなかった。一九四一年一二月末からの英米高級参謀会議（アルカディア会談）においてもヨーロッパにおける対独参戦を最優先する方針が確認される。

　アメリカの参戦を切望していたイギリスは、アメリカの対日参戦によって、ヨーロッパの英独戦争に対するアメリカの支援能力を低下させ、その軍事力の重点を太平洋に転換することを恐れていた。しかし、それも杞憂におわった。

　また、対独戦を戦うソ連にとって、アメリカが大西洋の戦いから太平洋の戦いに軍事目標の重点を転換すれば、アメリカはソ連に対日参戦を要求するに違いなかった。しかし、ドイツの対米参戦とヨーロッパ第一主義の確認はソ連の東西二正面戦争の不安を一掃し、実質的な米英ソ同盟の一員としてのソ連の立場が明確となるのである。つまり、ソ連は対日中立を維持し、極東シベリア方面の安全を確保しつつ、対独戦にその国力を集中することが可能となったのである。

　こうして、日本の真珠湾攻撃は実質的な「米英ソ同盟」を急速に成立させることになったが、その当面の共通目標はドイツの打倒であり、太平洋への軍事力の投入は抑制されていた。

　ヨーロッパ優先戦略をとるアメリカであったが、対独戦も対日戦も「全体主義」に対する一体の戦争とみなす世論の前に、戦争指導者は太平洋戦域を後回しにしてもヨーロッパのみに戦力を集中することはできず、事実上、大西洋と太平洋の二正面戦争を余儀なくされる。

アメリカが事実上の二正面戦争に耐えることができたのは、その国力の大きさもさることながら、必要とされる兵力の質が異なっていたという幸運な事情も無視することはできない。それは、陸軍の総兵力の約七割がヨーロッパに、海軍艦艇の約九割が太平洋に投入されたという事実によく示されている。

こうした条件のもと、開戦後の米軍は、艦隊を建て直したうえ、日本本土に対して空襲や経済封鎖が可能な地域まで中部太平洋を徐々に西進し、マーシャル諸島、カロリン諸島を経由してフィリピンに迫るという計画を基本に、四三年以降、本格的に反攻に乗り出すことになる。

「対米英蘭戦争計画」と戦争終結構想

さて、戦争目的が「自存自衛」であればこそ、対米英戦争の主戦場は、戦略資源の豊富な南方（東南アジア）であった。しかし、南方作戦を立案するにあたって、陸海軍には、軍事戦略的には合理的とされる統合作戦や作戦指揮を一元化する考えはなかった。

陸軍は、「対米英蘭戦争に伴う帝国陸軍作戦計画」（一九四一年一一月五日裁可）を、海軍は「対米英蘭戦争帝国海軍作戦計画」（同右）をもって、それぞれ開戦後の軍事作戦を展開した。陸軍の計画は、「東亜における米国、英国及蘭国の主要なる根拠を覆滅し、南方の要域を占領確保する」ことに作戦目的を定め、占領地域は、香港、タイ、ビルマの一部、マレー（とくにシンガポール）、スマトラ、ジャワ、チモール、ビスマルク諸島（とくにラバウル）、モルッカ諸島、セレベス、ボルネオ、フィリピンおよびグアムであった。

作戦方針としては、陸海軍緊密なる協同のもとに、フィリピンとマレー半島に先制奇襲を行い、短期間に作戦目的を完遂するものとされた。とりわけ、マレー半島のタイ領シンゴラと英領コタバルに対する同時奇襲上陸が重視された。

一方、海軍の計画は、「終極において敵の戦意を破摧《はさい》する」ことを目的とし、そのための作戦は二段階に分けられた。第一段階が、東洋の敵艦隊、航空兵力を撃滅して制海権を確保、陸軍と協同による南方要域の占領、第二段階は、艦隊決戦による米主力艦隊の撃滅である。

一方、真珠湾奇襲後の作戦計画として策定された「連合艦隊作戦計画」には、軍令部の計画にはない作戦、たとえばフィジー、サモア、アリューシャン、ミッドウェー、さらにオーストラリア要地の占領といった作戦が含まれていたが、これは山本五十六司令長官の意図を含ませたもので、やがて軍令部や参謀本部の作戦指導を乱す要因となる。

以上のように、対米英戦に臨む作戦計画は、陸海軍がそれぞれ別個に策定したが、両者は全く没交渉に立案を進めたのではなかった。たとえば、南方作戦の順序について、陸軍は左回り（マレー半島、蘭印、フィリピンの順）、海軍は右回り（フィリピン、蘭印、マレー半島の順）を主張して、一時は対立したが、陸海軍はそれぞれ運用を見直し、マレーおよびフィリピン作戦を同時に開始して、双方向から蘭印に進攻することで合意している。

陸海軍の作戦担当者は、兵棋演習を通じて、諸計画の細部まで調整を図っていた。

こうして一一月七日には、実質的な統合作戦計画ともいえる「南方作戦陸海軍中央協定」が陸海軍の間で結ばれる。協力内容は、当初作戦における使用兵力、作戦要領、指揮関係、航空、通信、補給、輸送、情報交換など多岐に及ぶ。ただ、作戦の長期見通しにおいて陸海軍は異なっていた。

陸軍は南方要域の占領には五カ月を要する、とみなしていたが、その後の作戦はもっぱら海軍が担うものとし、一刻も早く、陸軍本来の主正面である大陸（中国や極東シベリア）に復帰する方針であった。他方、太平洋における米艦隊の壊滅を目標とする海軍にとっては、南方地域の占領はその「一支作戦」にすぎず、また、開戦後二年間は計画的な作戦が可能であるが、その後は責任がもてない、という考えであった（「福留繁談話」）。

要するに、陸海軍とも南方要域の占領後に、どのように南方を確保し、どのような作戦を展開するかについて、一致した計画も、確かな展望も持ち得なかった。

最も重要な課題は、どのように戦争を収拾するかにあった。実際、昭和天皇はそれを明らかにするよう求めた。それまで、こと対米英戦については、政治や経済を加味した総合的な戦争計画といったものは存在しなかった。それでも陸海軍は、四一年一〇月初頭から下旬にかけて、外務省、大蔵省、企画院などと調整しながら「対米英蘭戦争指導要綱（案）」を作成した。その全貌は不明であるが、全般的な戦争指導方針、軍事作戦、政治、外交、経済、思想戦の指針、戦争終結計画などを含むものであった。ただ、細部の調整が不十分で未完成であったため、昭和天皇の求めに応じて戦争終結方針の部分のみが一一月一五日に大本営政府連絡会議決定となった。それが、「対米英蘭蔣戦争終末促進に関する腹案」（以下、「腹案」）で、開戦前の唯一の全般的な戦争計画であった。

この「腹案」は、冒頭で「速に極東における米英蘭の根拠を覆滅して自存自衛を確立すると共に、更に積極的措置に依り、蔣政権の屈服を促進し、独伊と提携して先づ英の屈服を図り、米の継戦意志を喪失せしむるに勉む」と述べている。

開戦当時、参謀本部と軍令部の作戦課長であった服部卓四郎大佐と富岡定俊大佐が、戦後に共同でまとめた「太平洋戦争の見透及基本的戦略に就て」（一九四九年五月）によれば、戦争が「長期総力戦」となることは確実と予想したうえで、この「腹案」について、こう解説している。

「日本は英国の屈服に関しては主として独逸の力に依存するとはいえ、英帝国の地理的配置に基く軍事上及経済上の脆弱性に鑑み、之が実現の可能性に期待を持ち、此が実現の時機を以て一挙に戦争終末の契機たらしめ様と希望していた。

又蔣政権の無力化に就ては相当の期待を懸けていた。然し乍ら米国との戦争終末に関しては確たる見透がなく、主として日本の長期不敗態勢の堅持と英及蔣政権の無力化に依る米の継戦意志の喪失と謂う情勢の発展に希望を持ったのである」

要するに、南方を日本の勢力下に収めて長期戦争の基礎を固めたうえ、アメリカの東西の最大の友好国であるイギリスと重慶政権（蔣介石政権）を打倒すれば、アメリカはおのずと継戦意志を放棄するだろうと考えられた。

しかし、まず重慶政権の打倒あるいは「無力化」については確かな手段は見当たらなかった。陸軍は、一九三八年秋の漢口・広東作戦以来、大規模な軍事作戦を差し控え、政治工作や和平工作による「屈服」や「停戦」を重視していた。開戦後の対中方針も、中国戦線では、できる限り消耗を避け長期戦に備える、というものであった。しかし、重慶政権は、開戦の翌日に日本に宣戦を布告し、四二年一月には連合国共同宣言に署名し、米英ソと並ぶ「四大連合国」の一つとなっていた。当然、日本側の和平工作にも応ずる余地はなかった。

重慶政権打倒にも増して重視されたイギリス屈服は、もっぱらドイツの戦争努力に依存しなければならなかった。「腹案」は、「日独伊三国協力して先づ英の屈服を図る」ことを重視し、そのためには、ドイツ軍による英国本土上陸といった事態に期待する一方、そのドイツに対して日本は軍事的、外交的に、何らかの協力が必要であった。その方法は二つであった。

その一つは、オーストラリアとインドという英帝国の二大拠点との交通連絡を遮断してイギリスを脱落させることであった。さらに、独伊軍の中東や北アフリカへの進出に呼応するインド洋や西アジア方面での協同作戦も陸海軍の念頭にあった。

もう一つの対独協力は、極東ソ連領を攻撃する、という選択肢であった。この対ソ参戦は、独ソ戦の開始以来、ドイツが一貫して要求していたもので、参謀本部のなかには賛同者は少なくなかった。しかし、対ソ参戦は、北方と南方の二正面で戦うことを意味し、さすがに上記「腹案」にも記されなかった。そもそも南方作戦は日ソ中立条約の維持——北方の安全を前提としていた。

南方攻略と西アジア戦略

さて、日本の南方攻略作戦はマレー半島コタバルへの奇襲上陸に始まった。真珠湾奇襲より一時間以上も前であった。一二月一〇日には対日抑止のために極東に配備されていたイギリスの新式戦艦プリンス・オブ・ウェールズと高速戦艦レパルスが日本海軍航空戦隊に捕捉され魚雷攻撃で撃沈し、英極東艦隊の主力が壊滅した。

続いて一二月一六日、英領北ボルネオに上陸した陸軍部隊はミリとセリアの油田を占領した。翌四二年一月末にはマレー半島を制圧、二月一五日にはシンガポールを占領した。フィリピンでも同年一月二日にマニラを占領し、バターン半島にたてこもって抗戦していた米比軍も四月九日に降伏した。

マレー、フィリピンの作戦は予定より早く終了し、参謀本部は蘭印作戦を繰り上げ、四二年一月二〇日にジャワ攻略を命じ、日本軍は、周辺のボルネオ、セレベス、チモール、スマトラなどの諸島の攻略後、三月一日に主力がジャワに上陸した。上陸軍はほとんど抵抗を受けることなくオランダ軍を無条件降伏させた。

また、マレー作戦の順調な進展で予定を早めたビルマ攻略作戦も、三月八日のラングーン占領、五月一日のマンダレー占領によってほぼ完了した。こうして四二年春には南方作戦は予期以上の成果をおさめて一段落をとげる。

南方作戦の進展に応じて、「腹案」の中心的シナリオであったイギリス屈服のため、独伊軍と連携し、オーストラリアとインドを英本国から切り離すという戦略構想が陸海軍の主要な関心となる。連合艦隊では、艦隊主力を五～六月にインド洋に進出させ、セイロン島を占領したうえ、さらにアフリカ東岸にいたるインド洋を制圧し、中東に進出する独軍と連携するという遠大な計画を上申している。しかし、オーストラリアの孤立化をねらったＦ・Ｓ作戦（後述）を重視する軍令部の反対で中止され、小規模なインド洋進出にとどまった。

四二年六月になると、北アフリカ戦線における独伊軍の優勢に呼応して西アジア、インド洋作戦が浮上し、参謀本部でも、同年六月から八月にかけて、西アジア・インド方面における作戦協力の実現可能性が検討されている。海軍でも七月一一日には、連合艦隊の主力を投入したインド洋作戦による交通破壊作戦が永野修身軍令部総長から上奏されている。この計画では、通商破壊のほか、インドにおける反英運動の誘発によってインドを英帝国から離反させ、他方では、ビルマの独立を促し、その成果を利導してインド独立を刺激するといった政略を伴うものとされた。

しかし、これらのインド洋作戦や西アジア作戦は、西アジアや中東に進出する独伊軍との協同作戦として想定されていたものの、独伊との緊密な連携のもとに計画されたわけではなく、いずれも八月から始まるガダルカナル島の争奪戦が、国力を奪うなかで雲散霧消してしまう。

しかし、とくに陸軍は、日独協力によるイギリス屈服という戦略を基本に、西アジアあるいはインド洋において日独両軍の連合作戦が英帝国を脅かすという夢を一九四二年末まで捨て切れなかった。

ヨーロッパ戦線に目を向ければ、一九四一年後半から翌年にかけて、ヒトラーの覇権は絶頂に達していた。西はピレネー山脈から東はヨーロッパ・ロシアの中心部にいたるまで、中立国を除いてすべての国がドイツの支配下に入っていた。短期電撃戦の勝利の積み重ねによってヨーロッパ制覇は目前にあるかに思われた。

しかし、東部戦線では四一年一二月初旬、ソ連軍がドイツ軍の予想を上回る勢いでモスクワ前面で反撃を開始した。日本が期待した英本土上陸作戦も遅延を重ね、四二年二月に中止となる。微妙な段階にあった欧州情勢の実相をつかみ得なかった日本は、相変わらずドイツの欧州制覇を前提に戦争計画を組み立てていたのである。

ミラン・ホーナーが指摘するように、もし、インド、オーストラリアをイギリス本国から分離孤立させた場合、極東のイギリス連邦や植民地の帰趨は、予断を許さず、日独の戦争協力のあり方によっては第二次世界大戦の趨勢に大きな影響を与えたかもしれない。しかし、ソ連の打倒を優先するドイツ軍、中国打倒を優先する日本陸軍、船舶撃沈を重視するドイツ海軍と艦隊決戦に囚われ続けた日本海軍――これらの日独陸海軍の戦略思想のすれ違いは、日独協同作戦の遂行の唯一の機会を失わせてしまったのである（Milan Hauner, *The Axsis Strategy in the Second World War*, 1987）。

戦略論争からガダルカナルへ

一九四二年二月初旬、東條首相は、南方作戦が一段落した後の戦争指導、占領地の建設方策などについて改めて検討を指示し、二月下旬まで各省庁において研究が進められた。最も重要な問題は以後の戦争をどのように進めるかにあった。三月七日に大本営政府連絡会議で決定された第一回「戦争指導大綱」は、占領地域における重要資源の開発、海上交通線の確保のほか、「長期不敗の政戦態勢を整えつつ機を見て積極的の方策を講ず」と述べていた。この不明瞭な表現の裏には、陸海軍の激しい戦略論争が潜んでいた。

前述のように、インド・西アジア戦略（西方攻勢）を重視する陸軍は南方の要域を確保した段階で戦線の太平洋への拡大を抑え、長期持久戦に転移すべきであるとした。南方圏域内の防備を固め、資源の開発と国力の増強に努めようというのである。

一方、海軍は、このような守りの姿勢では、やがて増強される連合国の戦力に圧倒され、勝機を見出すことは不可能になるので、引き続き攻撃作戦を続行すべきである、と主張した。とくに、オーストラリアを英米の対日反撃拠点として重視していた海軍軍令部は、陸軍との妥協のうえ、米豪遮断作戦によるオーストラリアの孤立化を図ることになる。フィジー、サモア、ニューカレドニア攻略作戦（F・S作戦）がこれであった。結局、陸海軍ともに譲らず、四二年三月の「戦争指導大綱」では守勢、攻勢の両論を併記した形の表現となったのである。

戦略思想の対立は軍令部と連合艦隊司令部の間にもあった。山本司令長官は、中部太平洋のミッドウェー環礁、北東太平洋のアリューシャン列島（キスカ島、アッツ島）を攻撃することによって米国艦隊をおびき寄せ、艦隊決戦によって撃滅するという短期決戦計画に固執していた。

結局、四二年四月に決定した海軍第二段作戦計画は、山本長官の思想を強く反映したものとなり、F・S作戦とともに、ミッドウェー、アリューシャン両作戦が主軸となった。こうして連合艦隊は中部太平洋に向けて突進してゆくことになるが、六月五日にはミッドウェー付近の海空戦で空母（航空母艦）四隻と全ての艦載機を一挙に失う大打撃を被った。F・S作戦は放棄され、以後この方面の主導権は米軍の手に渡る。

一方、六月初旬のアリューシャン作戦でアッツ、キスカを占領した日本軍は、ミッドウェー海戦における敗北を受けて兵力を増強させた。

この間、太平洋艦隊司令長官ニミッツは、真珠湾奇襲で破壊を免れた空母四隻に新造艦を加えた五隻の空母を中心とした機動部隊を編成し、空母による積極戦法に移った。

四二年四月には、機動部隊は空母二隻をもって日本本土に接近し、主要都市を爆撃した。このドゥリットル空襲は被害こそ大きくはなかったが、戦争指導者に与えた心理的効果は大きかった。

オーストラリアに退避していたマッカーサーも対日反攻に乗り出し、米海軍は戦略的に重要なビスマルク諸島のラバウル攻略をめざす。四二年七月、日本軍がソロモン諸島のガダルカナル島の飛行場建設に着手すると、ニミッツはこれを米豪間の連絡線に対する重大な脅威とみなし、八月七日、ガダルカナル上陸を開始し、たちまち同島を占領した。急報を受けた参謀本部作戦課は、「ガダルカナル島はどこにあるか」と地図上でその位置を探したといわれるほど知られていなかった。

虚をつかれた形の日本軍は再三にわたって奪回を試みるが、それに必要な船舶の喪失が激しく、造船も船舶の徴用も間に合わなかった。また、制空権を早くから米軍に奪われ補給が続かず、飢えとマラリアに悩まされた同島の日本軍は、圧倒的な補給力をもつ米軍に抵抗すべくもなかった。三万の陸軍兵力は餓死寸前に追い込まれ、奪回作戦のたびに出動した海軍も艦艇の多くを失い、航空兵力の損失も激増した。大本営は四二年一二月末、ついに撤退を決意し、翌年二月には残存兵力も撤収した。ガダルカナルの撤退によって南東太平洋方面の戦局の主導権は米軍の掌中に帰した。

一九四三年初頭は、東西両戦線で枢軸側が明確に防勢を余儀なくされた転機であった。この年の春から夏にかけての太平洋方面の戦局はさらに日本を守勢に追いやる。南東太平洋方面の戦場では制空権を奪われ、ニューギニア、ソロモン方面でも予期しない消耗戦に陥っていた。また北東太平洋方面では、四三年五月中旬、米軍がアッツ島に上陸し、二六〇〇名の日本軍は激しい戦闘の末に玉砕した。続いてキスカ島も米軍の占領下におかれ、夏までには北辺の防衛ラインは千島列島まで後退していた。

一方、南方防衛圏の西の防壁とされていたビルマ、東部インド方面の作戦も行き詰まりを見せていた。これらの戦場はいずれも長大な海上輸送力確保を必要としていたが、ひんぱんな船舶徴用の要求と南東太平洋方面での激しい消耗戦によって船舶事情は極度に悪化しつつあった。

戦争の初期段階における日本の戦争指導は、総合的な国力を考慮外においた作戦優位ですすめられていた。しかし、ガダルカナル島をめぐる激しい攻防戦は、軍需物質や船舶を著しく損耗させ、作戦上の要求に無制限に応ずることが不可能になりつつあった。

田中新一作戦部長の回想のように「作戦遂行のための船舶と国力造成のための船舶のどちらを優先するか」、という難題が露わになってきたわけである。

「絶対国防圏」の崩壊

四三年初頭のガダルカナル島からの撤退を契機に、開戦以来の戦争指導計画の再検討が参謀本部戦争指導課で始まる。再検討にあたっての指針は、「先づ英を屈伏せしめ然る後米をして戦争意志を放棄せしめんとする従来の戦争指導方針を改め米国の精神的破綻性を重視して之を促進せしむる如く施策を集中する」というものであり、ここにようやく「西アジア戦略」を放棄して、戦争の正面を太平洋における対米戦に求めるという構想が中心にすえられることになる。

半年に及ぶ研究の結果がいわゆる「絶対国防圏」構想であった。すでに四三年七月の検討段階では、対米長期不敗の態勢を確立するために、「国防圏に深刻なる検討を加え、最悪情況に際しても絶対確保すべき地域と然らざる地域とを区分し、施策を準備し、作戦の主導性を確保する」という考え方が固まっていたが、これが「絶対国防圏」のねらいであった。

こうして四三年九月末、御前会議決定となった「今後採るべき戦争指導大綱」（第二回戦争指導大綱）は、千島、小笠原、内南洋（中部太平洋のマリアナ諸島、トラック諸島）及び西部ニューギニア、インドネシア（スンダ）、ビルマを含む圏域を「絶対確保すべき要域」と定めた。

陸軍は絶対国防圏構想の決定後、中部太平洋および西部ニューギニア地域に対する兵力増強に努めたが、海軍はなおも南東太平洋方面のソロモン、マーシャル、ギルバート諸島の戦略的価値を重視し、これらの諸島での「前方決戦」の思想を捨てなかった。陸軍から見ると、絶対国防圏を逸脱する戦略であった。陸海軍の作戦構想の乖離が目立つようになり、中央の統帥部のなかに陸海軍の統合論が浮上する。

それらのなかには、陸海軍の航空部隊の指揮を一体化する案、陸海軍の統帥部を統合する案、さらに陸海軍省の統合案などが含まれていた。とくに陸軍が推進したのが陸海軍の統帥部の一体化案であったが、海軍首脳部が強く反対して実現にいたらなかった。

さて、四三年八月の米英ケベック会談は、太平洋方面について、ニューギニア北部から北進するルートと、南洋群島を経て西進するルートの二方面からフィリピンに迫るという対日戦略を決定した。米軍はマーシャル諸島を西進し、四四年二月には日本海軍の最大の基地であったトラック島を攻略した。中部太平洋の防衛線が破綻の危機にさらされた。

ニューギニア方面でも日本軍は孤立し、六月には米軍は絶対国防圏の要であったマリアナ諸島のサイパンに上陸した。同じ六月のマリアナ沖海戦は、第二次大戦における最大の空母対空母の海戦であったが、日本の九隻に対して米軍は一五隻をもって戦闘を交えた末、日本の大敗に終わった。この海戦後、サイパン、テニアン、グアムの島々は米軍に各個撃破され、地上部隊は全滅する。

ことに四四年七月のサイパン陥落によって、日本本土がB−29爆撃機の爆撃圏内に入ると、米軍は、中国を基地とする対日爆撃から、マリアナ諸島を基地とする対日爆撃に転換した。日本にとっては、「絶対国防圏」の一角が崩れたことを意味し、東條内閣が倒れる契機ともなった。

「捷号」計画の破綻――フィリピンの放棄

四四年七月に発足した小磯内閣がまず着手しなければならなかったのは、前年九月の戦争指導計画──「絶対国防圏」構想の見直しであった。

基本的な戦略構想はすでに陸海軍の間で合意していた。それは、本土（沖縄、小笠原を含む）、台湾、フィリピンを防備の第一線とみなし、これらの地域において「本年後期米軍主力の進攻に対し決戦を指導す」というものであった。すなわち「捷号」作戦と呼ばれるもので、決戦の主目標はフィリピンの確保であった。この作戦構想は、八月一九日の御前会議決定「今後採るべき戦争指導大綱」における基本戦略として採用される。

四四年後期における「決戦」が強調されたのは、「帝国国力戦力は如何に努力するも『ジリ貧』の一途を辿り本年末頃迄の決戦には辛うじて追随を得べきも明年以降実がある攻勢を反覆するの実力なかるべし」という国力の限界への認識からであった。

最も危惧されたのは国力の問題と、対ソ中立関係の維持であった。参謀本部戦争指導班（戦争指導課の後継組織）は、国力については、四三年中期をもって逐次下降しており、国力に基づく物的戦力（飛行機、造船）は、四四年七〜八月ころを頂点として逐次低下の傾向をたどる、と分析した。

対ソ関係については、「帝国が独と提携し、ソ連の態度如何に拘束せらるる事無く自主的に戦争を指導しうるの確算ある期間は長くも概ね本年末を限度」と判定された。物的国力の面からも、また対ソ関係の面からの四四年末が限度と認識されれば、戦略的には、当然、四四年中に決戦を挑むという構想が浮上してくる。

問題は決戦の程度であり、四四年後期に全国力を集中して短期決戦を挑むか、余力を残して長期戦に備えるか、いくつかの選択があったが、国力の七～八割を決戦に、二～三割を長期的努力に振り向けるという妥協に落ち着いた。

この対米決戦に呼応する対外施策として、相変わらずソ連を通じた独ソ和平斡旋と、重慶政権の脱落を図るための対重慶（和平）工作が重視された。限られた対外施策のなかでは、行き詰まっていた対ソ・対重慶工作を改めて取り上げ、その促進をはかること以外に、小磯内閣として打開策を打ち出す途はなかった。

こうして四四年八月の「戦争指導大綱」では、「右政略活動は其の能否の問題を超越し決戦遂行の為の絶対的要請なり」と位置づけられたのである。

マリアナ諸島の攻略後、米軍はフィリピンのミンダナオ島攻略を目標とした。九月にはパラオ諸島、ニューギニア西北のモロタイ島を占領し、フィリピンへの前進拠点を確保した。一〇月に入るとハルゼーの機動部隊は、マッカーサー軍のフィリピン上陸の支援のために南西諸島、そして台湾を攻撃した。

一〇月下旬、二〇万の大軍を率いたマッカーサー軍はレイテ湾に殺到した。連合艦隊は全力を挙げてレイテ湾突入をはかるが戦艦、空母合せて三〇隻を失い潰滅的な打撃を受け、レイテ決戦は事実上終了した。国力はもはや限界に近付いていた。

四五年一月、米軍はルソン島のリンガエン湾に上陸した。大本営は決戦を避け持久戦に持ち込もうとするが、圧倒的な火力とフィリピン住民の抵抗で三〇万の日本軍は山中に四散する。

フィリピン作戦は、国力を傾注した起死回生の決戦として、満洲や中国戦線からも航空部隊の大部分と、地上部隊の一部が転用されたが、大陸の奥深く進攻していた部隊を呼び返すことは不可能であった。さらに、沖縄の危機が迫っても、一号作戦（大陸打通作戦）と本土決戦準備のため、沖縄から抽出した第九師団を補塡することはできなかった。

中国戦線と太平洋戦線

太平洋戦争史に関する多くの著作は「日米戦争史」であり、太平洋方面における作戦・戦闘が中心で大陸方面の作戦・戦闘に注目するものは、きわめて少ない。ここでは、中国戦線と太平洋戦線の関連を見ておこう。

開戦と同時に支那派遣軍は上海、漢口、広東、天津等の租界に進駐し、英米軍の武装解除、権益接収を実施した。香港攻略は香港要塞に対する降伏勧告を英軍が拒否したため難航したものの一九四一年一二月二五日には香港島を占領した。この香港攻略を支援するための陽動作戦が第二次長沙作戦であったが、その目的を達成したため、四二年一月中旬に長沙から漢口に撤退した。

四二年四月一八日、米空母から発進した中型爆撃機B－25の編隊が東京、名古屋などの都市を空襲し、中国大陸の華中方面に着陸した。このドゥリットル空襲は国内に衝撃をもたらしたが、日中戦争に大陸の航空基地からの本土空襲の阻止という新たな意義を加えた。こうして、在華米軍基地の破壊をねらった浙贛《せっかん》作戦が実施され、約一三万の兵力を動員して浙江省から江西省にかけて航空基地群を破壊するが、八月中旬には撤退する。この浙贛作戦は、地上軍によって在華米空軍の航空基地の破壊をめざした点で、二年後の「一号作戦」の雛型となった。

南方攻略が一段落したころ、大本営は、支那派遣軍のたび重なる要望に応え、大規模な重慶攻略作戦の研究を命じた。四二年九月初旬、大本営は、これを「五号作戦」（四川作戦）と命名して作戦準備を派遣軍に指示した。一六個師団、約三〇万人を動員し、重慶、成都など蔣介石政権の足元を脅かす大作戦計画であった。

そのねらいは、太平洋方面における英米の反攻に備えるため、大陸方面の兵備を軽減して対英米正面に転用する条件を作り出すことにあった。在満兵備の軽減が対ソ関係上、不可能であったことから中国方面がその対象となり、兵力節減の前提として「重慶政権の抗戦力の源泉を覆滅」することをねらった。他方、政略的には、四川省の軍事的圧迫によって、重慶政権を「屈伏和平」に導くという効果が期待されていた（「甲谷悦雄大佐回想録」厚生省引揚援護局調整、一九五四年）。

ところが、前述のように、四二年八月に始まるガダルカナル島（南東太平洋方面）をめぐる激しい攻防戦は、五号作戦に必要な物的基礎を奪っていく。予想を上回る船舶の消耗は、内地から中国への兵力増派の大きな障害となり、四二年一二月には、五号作戦の中止が決定される。

一号作戦とインパール作戦――「虎号兵棋」の悲劇

一九四三年一二月下旬の一週間、参謀本部は、軍令部員を招いて「虎号兵棋」と呼ばれる図上演習を実施している。とくに四四年における太平洋と大陸方面における作戦指導の要領を検討するのが目的であった。参謀本部作戦課長であった服部卓四郎大佐が統裁した。

服部課長は、米軍の西太平洋進攻に対して、四四年は絶対国防圏の前衛地帯で、四五年は絶対国防圏内で持久し、四六年ころフィリピン、豪北方面から国軍の全戦力をもって大攻勢を実施するという作戦計画を披露した。

参謀本部は、こうした絶対国防圏の確保に関する楽観的な見通しを前提に、「一号作戦」およびインパール作戦という二つの大作戦を実施して、四五年以降の太平洋方面における米軍の攻勢に備えよう、という戦略を立案した。

まず、「一号作戦」は、四四年四月中旬から翌年の二月上旬の間、派遣軍総兵力の八割にあたる約五〇万人（延べ二〇個師団）を動員し、京漢・粤漢《えつかん》・湘桂の各沿線地域で実行された。河南省黄河から広東・仏印国境まで約一五〇〇キロにわたる一号作戦は、日本陸軍史上最大の作戦であった。その目的は、日本本土空襲の恐れがあった西南地区（桂林、柳州）に散在する航空基地の奪取、インド、ビルマ、雲南方面からの反攻阻止、南方資源の輸送のための仏印から中国、朝鮮にいたる交通路の確保であった。

作戦課長として、一号作戦の決定と遂行に中心的役割を果たした真田穣一郎少将（のち作戦部長）は、本土と南方との海上輸送が遮断されたとしても、中国大陸に十分な足場を置き、南方軍と直結するならば長期戦を戦い抜くことが可能であり、そのために大陸に南北連絡路を確保する大陸打通作戦が必要であると考えた。四三年一〇月に作戦課長に就任した服部卓四郎大佐（真田作戦課長は作戦部長に昇任）は、大陸に基盤を保つため、大陸を南北に縦断して南方に至る大回廊をつくる大陸打通作戦が必要であるとして真田の考え方を支持した。

作戦課の一員であった井本熊男中佐は、「太平洋における頽勢を大陸作戦によって補おうとする狙い」があったと書いているが、一号作戦の打診を受けた支那派遣軍は活気づいた。派遣軍は、約六〇万の兵力を擁しながら、もっぱら占拠地域の安定確保を任務とし、積極作戦を取り得ず、士気が沈滞気味であったからである。

他方、四四年三月に開始されたインパール作戦は、連合軍によるビルマ奪回作戦の機先を制して同方面の敵の反攻基盤の壊滅をねらった。実際、アメリカはケベック会談で、中国本土からの大規模な対日爆撃を計画し、中国との地上交通再開のためにビルマルートの奪回をイギリスに要求していた。イギリスはビルマ奪回に懐疑的でスマトラやシンガポール奪回を主張したが、最終的にビルマ反攻が決定される。そして、四三年一〇月、スティルウェル将軍の指揮する米中連合軍が北部ビルマに進攻した。

インパール作戦は最初は順調で、日本軍は、いったんインパールを包囲する。しかし、制空権を失い、兵站補給も不充分なまま山岳戦に臨んだ日本軍は、その戦力を急速に低下させ、米英中連合軍の圧倒的な火力と航空機の前に退却を余儀なくされた。四四年七月には作戦は打ち切られ、ビルマ戦線は崩壊した。

一号作戦の衝撃

この間、一号作戦は順調に展開したが、問題は、四四年秋に実施に移されようとしていたフィリピン作戦（「捷一号」作戦）との関連にあった。陸軍省首脳部や参謀総長は、桂林、柳州への進攻についてインパール作戦のように補給物資が続かないことを恐れて中止すべきとの意見であったが、作戦部は一号作戦を計画通り実行する方針であった。とくに真田作戦部長と服部作戦課長は、フィリピン作戦と一号作戦とは表裏一体であり、日本本土と東南アジアの交通連絡が遮断されないためには作戦の続行が必要と説いた。

こうして一号作戦は続行され、四四年一一月までに桂林、柳州の航空基地を占領し、四五年一月には大陸縦貫交通路の確保をほぼ達成したが、すでに当初の戦略構想の意味はなくなっていた。すなわち、一号作戦の間に、中国大陸における航空基地の役割は大きく変化していた。高性能の巨大爆撃機Ｂ－29の開発によって、アメリカは中国戦線における対日戦略の重点を、中国地上軍の強化から戦略爆撃に移していった。Ｂ－29の最初の対日出撃は四四年六月一六日で、九州北部の八幡製鉄所などを爆撃した。しかし、ちょうど同じころから米軍は、マリアナ諸島のサイパン島などを次々に占領し、アメリカは対日爆撃の根拠地をマリアナ地区に移した。四四年末からマリアナ地区の基地から東京など本土全域への戦略爆撃が始まっていた。

結果的には、マリアナ諸島周辺の中部太平洋方面で日本軍が崩壊しつつあるときに、陸軍は中国大陸の正面では、開戦以来の二大攻勢作戦を敢行して、国力の分散を決定的にしてしまった。

大きな犠牲を払った一号作戦とインパール作戦によって得たものは少なかった。元をたどれば、「虎号兵棋」が中部太平洋の戦況を大きく誤認していたことに起因するが、そうした誤認がなぜ起こったのか。陸海軍間の情報伝達や情報共有の不足だけでは説明できない根深い原因がそこに潜んでいるようだ。

その一方、一号作戦における重慶軍の壊滅的敗北は、戦後東アジアの国際秩序の行方を左右する条件を作りだした。その一つは、抗日戦における中国共産党の比重を高め、戦後の国共内戦における共産党優位の条件を作りだしたことである。もう一つは、国民政府の統治能力に対するアメリカの期待を一挙に失わせ、日本軍を打倒するための不可欠のパートナーとして、中国ではなくソ連の参戦を期待するようになったことである。

沖縄決戦と本土決戦

「捷号」作戦構想は、レイテ作戦の失敗とともに破綻が明らかになり、同時に、決戦と呼応して政略的効果が期待された重慶工作も独ソ和平構想もほとんどその意味を失ってしまう。

一九四四年秋、陸軍省軍事課が作成した比島作戦に関する研究によれば、比島決戦(捷一号)に敗北して米英に「和平屈伏」した場合、次のような事態が予想されると述べている。

(1)米軍の日本本土駐兵
(2)陸海軍の武装解除、兵器生産の中止

（3）天皇制の廃止、民主政体の施行
（4）「大和民族の滅亡を図る為男子の支那、アメリカ、インド、ニューギニア、濠洲等への奴隷的移駐」

そこで、この研究素案は、こうした事態に陥るより、あくまで本土における徹底抗戦を選択すべきであるとし、その際軍民が正規戦、遊撃戦を併せ行い、時間をかせぐことができるならば、その間に世界情勢はアメリカの日本常駐を許容し得ない方向へと変化し、日本の崩壊はまぬがれるだろうと述べている。

ここには、なぜ、日本が本土における徹底抗戦を選択するに至ったのか、その理由が赤裸々に示されている。

一九四五年一月、陸海軍作戦当局の間で、本土とその周辺諸島、満洲、中国を戦略要域として確保し、この要域において米軍の攻勢を破摧する、という「帝国陸海軍作戦計画大綱」が決定される。

要するに、沖縄と日本本土の決戦構想であるが、この決定の過程では、「沖縄は米軍の出血を強要する一持久作戦と認め、国軍総力の大決戦は本土で遂行する」という本土最終決戦論が確認される。海軍は沖縄戦を「出血持久戦」と位置づけることに不満であったが、陸軍が押し切った。

同じころ、アメリカ統合参謀本部は、フィリピン作戦に続く次の目標として硫黄島と沖縄を定めた。B－29による日本本土に対する戦略爆撃は前年秋から始まっていたが、硫黄島はその護衛戦闘機の基地として必要であった。

硫黄島の戦闘は四五年二月中旬から始まり翌三月下旬まで、寸土を争う熾烈な戦闘が連日続き、米軍兵士の死傷者は二万四〇〇〇人にのぼった。そして、四月一日、米艦隊が沖縄本島の西方海上に姿をあらわした。一三〇〇隻を超える艦船、四五万人を超える人員という大部隊であった。迎え撃つ沖縄守備隊は七万七〇〇〇人に加えて、島民約二万五〇〇〇人が動員された。六月までの戦闘で日本軍の戦死者約一一万人、島民約一〇万人が命を失った。

おわりに

日本は何を求めて対米戦争に突入したのであろうか。開戦の経緯をつぶさにたどると、最も重要な目標は、日本帝国の経済的生存と帝国圏の安全保障の確保（自存自衛）であったことが解る。

この「自存自衛」は南方作戦によって東南アジアの資源地帯を占領し、一応達成されたはずであった。実際、陸軍は東南アジアの防備を固め資源開発に努めるという守勢作戦を主張した。しかし、海軍は真珠湾奇襲の勢いをもって攻勢作戦の続行を説き、両者の主張は四二年三月の大本営政府連絡会議決定の「戦争指導大綱」において、「長期不敗の政戦態勢を整えつつ機を見て積極的の方策を講ず」と玉虫色の表現で決着している。

その結果、どの地域まで進出すれば、自存自衛が可能になるかという問題が戦争指導のうえで考慮されることはなく、作戦優位の戦争指導は、戦場を際限なく広げ、それに応えるための海上輸送路の確保、船舶増徴と航空機の増産といった総合的国力の問題が置き去りにされてしまう。

たとえば、四三年八月、陸海軍は六六万トンという厖大な船舶の増徴とともに、五万五〇〇〇機にのぼる航空機の増産を相次いで要求した。ガダルカナル島撤退後、ソロモン、北ニューギニアにおける激しい攻防戦において大量の航空機を損耗し、制空権も失うという状況がその背景であった。増産計画を立案していた企画院は、これらの要求を満たすことは不可能と知りつつも、企画院調査官であった田中申一の回想のように「架空に近い条件を前提に増産計画を捏造」しなければならなかった。そして、企画院がはじいた机上の計算を陸海軍が奪い合うという悲喜劇が繰り返された。

作戦上の要求と国力の限界というジレンマは政戦略の不統一、国務（政府）と統帥の不調和という深刻な問題にも及び戦争指導体制を破綻させたのである。手段や資源に見合ったレベルの戦略構想を組み立てるという自明の英知はついに発揮されなかったのである。


他方、冒頭で触れた連合国側のアジア太平洋戦略の変化という観点から見たとき、日本の敗北が自明となると、開戦時の「米英ソ同盟」は、イギリスの退場傾向のなかで「米ソ提携」の比重が増していった。決して一枚岩ではなかった「米英ソ同盟」は、戦後をにらんだ連合国の思惑が対日戦略に微妙に反映され、亀裂が目立つようになる。

まず、ローズヴェルトは、中国の国内的混乱から蔣介石への信頼を失い、中国を戦後世界の安定と平和の維持のために「四大国」の一つとして育て上げるという構想に疑問を抱き始め、実際、連合軍の対日戦略においても英軍と蔣介石軍の役割は低下しつつあった。その一方、米軍は、中国本土から日本本土を爆撃するという計画を、中部太平洋のマリアナ基地から日本本土を攻撃するという計画への移行を考えはじめていた。

イギリスは東南アジアの植民地の回復には固執していたが、それ以外のアジア・太平洋地域に対して発言力を保持する意欲に乏しかった。英軍は一九四三年秋ごろ、ヨーロッパ戦線に戦力を集中する必要から、中国支援のためのビルマ戦線からの撤退を考慮し始めたのも、その表れであった。

四五年初頭、中国戦線を指揮したウェデマイヤー将軍は、日本の敗北は決定的なものとみなしたうえ、「それなのにアメリカは、この事実を見て見ぬふりをし、最後の勝利を求めて、ソ連を戦争に引き入れた。結局、スターリンは安い値段で目的物を手に入れた」（ウェデマイヤー、妹尾作太男訳『第二次大戦に勝者なし　下』講談社学術文庫、一九九七年）と書いている。

要するに、アジア・太平洋地域における最終段階の連合軍の戦略や、戦後の領土問題、政治問題は米ソ間の取引きによって決定されるという枠組が四四年半ば頃までに形成されていたのである。

こうした枠組の中で、四三年秋のテヘラン会談で原則的な合意が得られていたソ連の対日参戦問題が急速に具体化してゆく。ソ連の参戦は、太平洋における米軍の反攻と日本本土進攻作戦を容易にするためには、中国大陸の日本軍を釘づけにしておく必要があった、というのがその理由であった。
とはいえ、参戦後のソ連の東アジアにおける影響力は、ウェデマイヤーが指摘するように、「アメリカの極東におけるもっとも高価な戦略上の大失敗は、ソ連を対日戦に参戦させるよう主張したことであった」と言えるのかも知れない。

【参考文献】

ロナルド・H・スペクター（毎日新聞外信グループ訳）『鷲と太陽――太平洋戦争 勝利と敗北の全貌』（上・下）、TBSブリタニカ、一九八五年
井本熊男『作戦日誌で綴る大東亜戦争』芙蓉書房、一九七九年
等松春夫「日中戦争と太平洋戦争の戦略的関係」（波多野澄雄・戸部良一編『日中戦争の軍事的展開』慶應義塾大学出版会、二〇〇六年）
バーバラ・W・タックマン（杉辺利英訳）『失敗したアメリカの中国政策――ビルマ戦線のスティルウェル将軍』朝日新聞社、一九九六年
波多野澄雄『太平洋戦争とアジア外交』東京大学出版会、一九九六年
長谷川慶太郎責任編集・近代戦史研究会編『国家戦略の分裂と錯誤』（下）、PHP研究所、一九八六年

第2章　英米ソ「大同盟」における対日戦略

赤木完爾

はじめに

一九三九年九月、ドイツのポーランド侵略に端を発して勃発した英仏対ドイツ間のヨーロッパ戦争は、一九四一年六月の独ソ戦争の勃発、続いて一二月の日本海軍の真珠湾攻撃、さらにドイツの対米宣戦布告という一連の事態の展開によって、グローバルな戦争に発展した。英米ソ三国の戦時大同盟はこうした事態を契機としてドイツおよび日本という共通の敵に対して成立したものである。「大同盟」という言葉は、従来スペイン継承戦争においてフランスのルイ一四世に対してイギリスが勝利した際の同盟を指していたが、ウィンストン・S・チャーチル英首相の先祖である初代マールボロ公爵がこの戦争において対仏同盟を指導した故事を意識して、彼はこの語を用いたのである。

戦時大同盟が抱えていた諸懸案は多岐にわたる。戦後秩序に関わるソ連の西部国境問題、イギリス植民地の将来などの問題が代表的だが、本章では戦争の遂行において、もっとも重要であった第二戦線問題を中心に、ヨーロッパの戦争と太平洋の戦争との関連を英米両国の戦略計画を軸に検討しつつ、大同盟における対日戦略を概観したい。

議論の前提として、英米の戦争指導組織について略述する。アメリカが公式に参戦した後、英米間には広範囲にわたる、連合した戦争指導組織が設置された。「連合参謀長委員会（CCS：Combined Chiefs of Staff）」がこの組織である。連合参謀長委員会は、一九四一年一二月〜四二年一月のワシントンにおける英米会談（アルカディア会談）における決定によって設置され、アメリカ大統領とイギリス首相のもとに置かれた。この委員会はアメリカ側の新編された「統合参謀長会議（Joint Chiefs of Staff）」とイギリス側の「三軍幕僚長委員会（Chiefs of Staff Committee）」によって構成され、ワシントンにその本部が置かれた。さらにイギリス側は三軍幕僚長委員会の分身ともいえる英統合参謀使節団（British Joint Staff Mission）をワシントンに常駐させた。使節団の規模は、一九四二年末にほぼ九〇〇人に達している（図表1参照）。

連合参謀長委員会の任務は、軍事戦略についてチャーチル首相とフランクリン・D・ローズヴェルト大統領に助言し、両者の軍事的決定を遂行することであった。また同委

図表1　英国のワシントン駐在員
（1942年末 約9,000人）

英統合参謀使節団 (British Joint Staff Mission: BJSM)	
中枢参謀 (Central Staff)	100人
英海軍代表 (British Admiralty Delegation)	800人
英空軍代表 (Royal Air Force Delegation)	650人
英陸軍代表 (British Army Staff)	1,200人
補給派遣団 (Supply Mission)	1,800人
大使館要員	1,000人
その他	3,000人

［出典］ Alex Danchev, *Very Special Relationship: Field-Marshal Sir John Dill and the Anglo-American Alliance 1941-44* (London: Brassey's, 1986), 24.
図表は筆者作成。

員会は、地中海とヨーロッパ戦域ならびに大西洋における作戦を統制するとともに、英米軍が各々単独で遂行中の他の戦域に関する作戦（たとえば太平洋や東南アジア）についても、それが高次の大戦略に関わる場合には一般的な管轄権を有していた。各戦域指揮官への命令は、英米それぞれの指揮組織を通じて発出された。

アメリカ側の戦争指導機構である「統合参謀長会議」は法律的な基礎を有する組織ではなく、アルカディア会談で設置された連合参謀長委員会においてイギリス側の三軍幕僚長委員会に対応する最高軍事幕僚組織が必要になったために、イギリス側の組織に倣って急遽設置されたものである。新たに設置された統合参謀長会議は合衆国大統領の下に置かれ、太平洋における作戦、極東や中国における諸作戦の連合諸国との調整、そして連合参謀長委員会の一部としてすべての作戦について責任を負うものであった。ところでチャーチル首相はイギリスの三軍幕僚長委員会に、イズメイ中将（Hastings Ismay）を自ら兼任する国防相の直属幕僚として出席させていたが（第7章参照）、これに対応する職として、ローズヴェルトは一九四二年七月、大統領付幕僚長としてリーヒ海軍大将（William D. Leahy）を任命し、統合参謀長会議の議長とした。統合参謀長会議は、その後数多くの下部委員会を抱える大組織に発展した。後述するイギリス側の組織と異なり、統合参謀長会議はアメリカ合衆国軍の最高指揮官である大統領に対して直接の責任を負っていた。

他方、イギリスは戦争内閣が戦争指導の最終責任を有しており、三軍幕僚長委員会は内閣の委員会制度の中の一委員会であった。同委員会は帝国参謀総長、海軍軍令部長、空軍参謀総長から構成されていた。一九四二年に連合参謀長委員会が発足してからは、三軍幕僚長委員会が作戦に直接の責任を有する戦域は東南アジアと中東のみとなったが、統合参謀長会議と同じ管轄範囲において他の戦域における戦略にも責任を持ち続け、その豊富な経験によってイギリス側は戦争なかばまで、戦争の戦略指導についてアメリカ側を主導した。

なお一九四二年のアルカディア会談以降、今日に至るまで「統合（joint）」は一国における二つ以上の軍事部門（たとえば陸軍と海軍）が結びついた活動、作戦、組織を意味し、「連合（combined）」は二カ国以上の同盟国の二つ以上の軍部隊ないし機関が結びついて活動する場合に「統合」とは区別して使われる。本稿の表現もこれに倣っている。また、本章の日付は現地時間ないし英米側の記録で記述している。

アメリカ戦略の起源

第二次世界大戦におけるアメリカ戦略の起源は、直接的には戦間期に策定された一連の対象国別の戦争計画（「カラープラン」）までさかのぼる。その後一九三八年から翌年にかけて、国際情勢の緊迫化を受けて、ドイツ、イタリア、そして日本と同時に対処する戦争計画である一連のレインボー計画が策定された。これらの計画は第二次世界大戦のアメリカの戦略計画の二つの基本的な前提を形作った。これらの中で最も重要なものは、戦争がアメリカの本土ではなく海外で行われるという前提である。このため海外に遠征軍を輸送することと、同時に敵の占領下にある地域に対して上陸作戦を行うということが重視された。きわめて複雑かつ大きな危険をともなう水陸両用作戦の研究は戦間期において海兵隊がすでに着手していたが、この種の作戦は大戦におけるアメリカの戦争努力の中できわめて特徴的であった。

第二の前提は、戦争のシナリオに関するものである。最も初期のシナリオは、オレンジ＝レッド計画という名で知られる、イギリスと同盟した日本との多正面戦争の想定であるが、そのシナリオでは太平洋においては守勢に立ち、最も強力で危険な、そして地理的にも近接している大西洋ないしカリブ海におけるヨーロッパの敵との戦争に努力を集中できるようにするというものである。こうしたアメリカの東部ならびに南部国境の防衛に集中するという発想は、もともとアメリカ本土での戦争を避けたいという願望と、それは可能であるとする判断から生まれた。この発想は後に、大西洋戦域においてヨーロッパの敵に対して攻勢作戦を行うという考え方を論理的に導いた。これらがレインボー第五号計画における、太平洋における守勢とドイツに対する攻勢、そしてイギリス、フランスとの同盟による枢軸国との対抗というシナリオとなった。ここに第二次世界大戦におけるアメリカのドイツ打倒最優先方針の起源がある。

しかしながら戦間期には政治的かつ軍事的な様々な事情で、こうした戦略計画の策定は遅れがちであった。日本とイギリスの連合といったシナリオはありそうもないこととして関心を集めることはなく、現実に軍事計画担当者が直面することになった将来の情況を最低限想定していたレインボー第五号計画は一九三九年にようやく検討が始まっていたにすぎなかった。ともあれ戦間期において軍事予算支出に消極的な議会の態度を前にして、ことに陸軍の計画担当者にあっては、対日戦争計画（オレンジ計画）を実行することはそもそも困難で、海外のコミットメントを清算し、伝統的な大陸防衛の任務に立ち返るべきであるとする主張が真剣に唱えられた。これに対して一八九〇年代においてアルフレッド・セイヤー・マハンの唱道した大海軍主義に依拠する海軍は伝統的に海外における任務を担任し、かつ太平洋は自軍の領分であるとの伝統的思考から、陸軍のこうした主張に真っ向から反対し、西太平洋における積極的な戦略と政策を提唱し、日本に対する連合戦線をイギリスと協議することを提案していた。

こうした国家政策と戦略をめぐる陸海軍の見解の対立にさらに混迷を加えたのは、陸軍航空隊の中から出現した、独立した空軍を建設して戦略爆撃能力を開発することがアメリカに効果的な防衛手段とともに恐るべき打撃力を与えるとするエア・パワーを信奉する勢力の主張であった。

ローズヴェルト大統領は、長い間こうした対立を調整しなかった。彼は大恐慌からの脱出をめざすニュー・ディール政策に没頭しており、また議会における孤立主義的な世論に挑戦することを好まなかった。このため一九三八年まで陸海軍に対して何等の指針も支援も与えなかった。そしてようやく国際情勢の緊迫化にともなって、彼は英米間の幕僚レベルの接触を許可し、かつ陸海軍の拡張とレインボー計画の策定を認めるに至った。一九三九年、大統領は陸軍参謀総長にジョージ・マーシャル（George C. Marshall）を、海軍作戦部長にハロルド・スターク（Harold R. Stark）を新たに任命し、両者は密接に協力しつつ再軍備に着手した。けれどもこの時点において十分な政軍間の調整がなされていたわけではなかった。

アメリカ参戦まで

第二次世界大戦におけるソ連の戦略は単純であった。侵攻してきたドイツ軍を自国領域から撃退することがその目的であった。その目的が達成されるまで、スターリンは英米の対日戦争に加わらなかった。ソ連と比較すれば英米両国の戦略的な選択肢は込み入っていた。アメリカは当初から二正面で戦争を戦い、イギリスも本国の防衛とともに、その帝国の防衛も考慮に入れなければならなかったからである。三つの戦略的決定が第二次世界大戦の流れを形作った。その第一はドイツを最初に打倒するという決定である。第二は、ドイツを打倒するためにまずドイツとその同盟国であるイタリアを北アフリカと地中海から一掃することからとりかかるという決定であり、第三はドイツと日本に対して戦略爆撃攻勢を実施するというものであった。

イギリスは当然のことながらドイツから攻撃され本国に脅威を受けていたので、対独戦争にもっとも高い優先順位をおいていた。しかしアメリカ側は軍も政府も大きく考え方を異にしていた。一九三九年六月にアメリカ陸海軍統合会議（統合参謀長会議の前身）の統合計画委員会は五つの対日対独戦争計画の概要を作成した。レインボー計画である。統合計画委員会はこれらの計画の中でレインボー第二号計画に高い優先順位をおいていた。その計画の内容は、アメリカはヨーロッパ大陸への全力を挙げたコミットメントをすべきではなく、主要戦争努力を対日戦争に集中すべきであると結論していた。これはアメリカ海軍の伝統的立場である。しかし一九四〇年五月のヨーロッパにおけるドイツの西方電撃戦の成功を目の当たりにしたアメリカ軍首脳、マーシャルとスタークは、ドイツ陸軍の卓越した戦いぶりに衝撃を受け、英仏の敗北は必至であると判断し、レインボー第四号計画を大統領に提示することとした。それはアメリカのすべての資源を西半球の防衛に投入する計画であった。

フランスではまさにドイツ軍がフランス軍の最後の防衛線を突破しつつあった六月三〇日、この計画はローズヴェルト大統領に達した。大統領は五月一〇日に首相に就任したチャーチルの断固たる抗戦を援助するか、マーシャル参謀総長らの陰鬱な見通しを信ずるかどうかの選択に迫られた。ローズヴェルト大統領はただちに統合計画委員会に対して、フランスの敗北にもかかわらず、イギリスとその帝国が戦い続けるという前提のもとに計画を研究することを指示した。ローズヴェルトは軍事問題に対する文民の理不尽な介入といった政治的問題の発生を避けるために、アメリカ軍最高司令官としての権限をあからさまに行使することには慎重であったが、英米連合戦略にとって彼が必要と考えたことについて、その憲法上の権限を行使することに躊躇はなかった。

さらに彼はイギリスが生き残る見通しについての証拠を得るため、大統領の個人的な使節としてウィリアム・ドノヴァン（William Donovan）をイギリスに調査のため派遣した。ドノヴァンは程なく新設される戦略情報局（OSS : Office of Strategic Services）の責任者となる、アメリカ情報機関の基礎を築いた人物である。八月にドノヴァンは、イギリスがドイツの侵攻を阻止できる可能性は高いとの報告を大統領に提出した。この報告は対英支援に対するワシントンの微妙な空気を変えた。ローズヴェルト大統領はイギリスの生き残りは可能であり、またそれはアメリカの安全保障にとって死活的であると判断し、イギリスに対する支援を最優先することを命じたのである。さらに彼は、見解を同じくする二人の共和党員、ヘンリー・スティムソン（Henry L. Stimson）とフランク・ノックス（Frank Knox）をそれぞれ陸海軍長官に任命し、九月にはアメリカの旧型駆逐艦五〇隻と西半球にあるイギリスの基地を交換する協定をイギリスとの間に締結した。この間、アメリカ議会は史上初めて平時における徴兵法案を可決し、前例のない軍拡予算を承認した。

こうした事態の推移を受けて、マーシャルとスタークは西半球防衛の主張を転換した。一九四〇年一〇月、スターク海軍作戦部長は明確な戦略優先順位を定める必要を痛感し、イギリスがアメリカ防衛の第一線であると認識すること、そしてその地理的な位置ゆえに将来のヨーロッパにおける地上戦のためにイギリス本土を確保する必要があること、さらにアメリカは大西洋を越える大規模な地上作戦を準備し、太平洋では厳密な守勢に立つという一般方針を提案した。マーシャル参謀総長はこれに同意し、ノックス海軍長官に報告された。これが「D計画（Plan Dog）」である。

スタークが検討した選択肢は、「A計画」が西半球の防衛、「B計画」が日本を主敵とする太平洋優先戦略、「C計画」が太平洋・大西洋の双方における潜在的同盟国に対する全力をあげた援助であったが、これらいずれもアメリカの基本的かつ重要な国益を実現することは難しいと判断していた。その国益とは、アメリカ合衆国とその他の西半球の「領土保全、ならびにその経済と社会体制を損なわれないようにする」ことであった。彼がとるべきとした「D計画」の意義は、アメリカの安全保障をはじめて明確にヨーロッパのパワー・バランス、およびイギリス帝国の生存確保と結びつけたところにある。そしてもしアメリカが日独伊枢軸と両洋戦争に直面した場合には、まずドイツ打倒に全力を傾注し、その間、日本に対しては守勢を堅持する。また文書起草段階の一九四〇年秋の情勢を踏まえて、可能な限り対日戦を後回しにし、経済封鎖も控え、ハワイ以西においては主要な部隊のコミットメントは避け、必要であればフィリピンは放棄するという方針であった。この文書は改訂の上、陸海軍統合計画委員会の文書として一二月に正式に大統領に報告された。多くの歴史家が指摘するように、「D計画」文書は第二次世界大戦のアメリカ戦略の発展に決定的影響を与えたものである。さらに、アメリカ陸海軍が、アメリカの安全保障にとってヨーロッパの勢力均衡が重要であることをはじめて認めたものでもあった。

ローズヴェルト大統領はこれに内々同意し、一九四一年一月から三月にかけて、議会が武器貸与法を審議している最中、英米の軍事幕僚会談が極秘のうちに開催され、アメリカが参戦した場合の連合戦略の基本方針が検討された。その結果がＡＢＣ－１協定である。この協定では、日本とドイツとの戦争において、極東における戦争は守勢を堅持し、大西洋とヨーロッパが決定的な戦場であると考えられた。そして経済封鎖、航空攻撃、沿岸部に対する襲撃、ヨーロッパの抵抗運動、そしてイタリアを早期に戦線から脱落させることが、連合側の戦力の蓄積とあいまって、勝利を導くという方針が承認された。この方針は基本においてイギリス側の主張に沿うものであったが、この段階では、アメリカ側は何よりもイギリスの抗戦の継続を強く望んでいたため、ほぼイギリス側の骨子にしたがってこれを受け入れた。もとより大西洋と太平洋の両戦域の関係において、ドイツ打倒を最優先する両者の方針に違いはなかった。さらに三月に至ってアメリカ議会は武器貸与法のイギリスへの適用を認め、ローズヴェルト大統領は五月と一一月に武器貸与の対象国に中国とソ連を加えた。大西洋におけるアメリカ海軍は枢軸国艦艇を視認したら発砲せよ、との命令を受けてイギリス船舶に対する護衛範囲を東方に拡大し、さらにグリーンランドとアイスランドに進駐した。議会は八月に僅差で平時徴兵法の延長を認めた。

一九四一年六月のドイツの対ソ攻撃によってイギリスに対する直接の危険が低下する兆しをみせたために、ＡＢＣ－１協定以降、アメリカ軍部はより独立した戦略を立案しつつあった。独ソ戦争の勃発後、八月にチャーチル首相とローズヴェルト大統領がニューファンドランドのプラセンティア湾で会同した。米重巡洋艦オーガスタ、および英戦艦プリンス・オブ・ウェールズ艦上で首相と大統領が会談（大西洋会談）した際、随行した英米両国軍首脳は併行して戦略問題の討議を行った。アメリカ側はイギリスの戦略が宣伝、転覆活動、封鎖、そして爆撃によって勝利は可能であるとする前提に立っていることに不安を感じていた。地上軍による決戦なくして最終的な勝利はあり得ないというのがアメリカ側の考え方であった。この会談の後、イギリス側は一一月に至って、ヨーロッパ大陸において最終的に地上軍を使用する意図を確認してアメリカ側を安心させた。もっとも大西洋会談の時点ではまだアメリカは正式に参戦しておらず、イギリスの主張を聞くにとどまっていた。ともあれこれに見られるように、英米間における戦略の基本的な相違はごく初期から明らかであった。イギリス側はもっぱら経済封鎖によるドイツの弱体化を基本方針としていたからである。他方アメリカ陸軍は、可及的すみやかに大兵力を集中してドイツ陸軍との決戦を望んでいたが、一方イギリス軍首脳は、大規模地上戦はできるだけ先延ばしにすることを望み、可能ならばそれを回避したいと考えていた。

ドイツ打倒最優先方針の動揺——北アフリカとガダルカナル

真珠湾にあったアメリカ太平洋艦隊に対する日本海軍の奇襲攻撃によって、さらにそれに引き続くドイツの対米宣戦布告によって、アメリカは正式に参戦することとなった。日本軍の急速な太平洋における進撃は阻止することが難しいように思われ、またアメリカ国内世論は日本への報復を求めて沸騰していた。こうした情勢において、ヨーロッパを優先するというアメリカの戦略方針が揺らぐかにみえた。チャーチル首相はこれを懸念してワシントンに赴き、アメリカ参戦直後に両国の政軍首脳の会談が開催された。アルカディア会談である。

アメリカ側では想定される戦場で潜在敵勢力を打倒するために必要とする全生産力を算定せよ、という大統領指示にしたがって、一九四一年九月までに「勝利計画（Victory

Program)」が策定され、アメリカ史上はじめて開戦前において徴兵法に基づく人的大動員および物的な総動員が開始されていた。けれども具体的な戦略プログラムでは依然としてイギリス側に一日の長があった。したがってアルカディア会談ではイギリス側提案に沿って戦略が決定されていった。それはアメリカ側で、太平洋における純粋な守勢戦略でさえ何が必要であるかが判明していなかったことにも理由がある。そこでは表面的な合意ではあったが、英米両国政府と軍首脳は、次のような当面の戦略計画に合意した。すなわち一九四二年に北アフリカから枢軸勢力を一掃し、地中海を解放する。そして一九四三年ヨーロッパ大陸に対して、地中海を越えて、あるいはトルコからバルカン半島へ、もしくは西ヨーロッパに上陸する。また英米軍によってかつてない規模の空襲が行われる、というものであった。

この会議における英米の主要な合意項目は次の三点である。(一)ヨーロッパの戦争に最高の優先順位を置き続ける。ドイツがひとたび打倒されれば、必然的に日本の敗北が続く。そしてソ連が戦い続ける限り、ヨーロッパの戦争は勝利することができる。(二)対ドイツ戦略爆撃攻勢。イギリス側は従来からドイツに対する戦略爆撃攻勢の重要性を主張していたが、アメリカ側は懐疑的であった。けれどもこの会談ではアメリカ陸軍航空部隊の支持を得ることができた。アルカディア会談で新たに設置が決まった英米連合参謀長委員会のアメリカ側代表として、陸軍航空部隊司令官ヘンリー・アーノルド大将（Henry H. Arnold）がアメリカ統合参謀長会議の構成員の一人として事実上、イギリス空軍参謀総長と相対する形でアメリカ空軍を代表していたからである。こうして陸軍航空部隊は、制度上は依然としてアメリカ陸軍の一部であったものの、アルカディア会談で設置が決まった連合参謀長委員会においては、独立した戦略空軍として英米両国において完全に認知されるに至った。ともあれ英米空軍はこの後、ドイツの戦争努力を航空攻撃のみによって破壊することは実行可能であり、それはまた他の手段によってするよりも効率的であるとする彼らの主張を実現するために、戦略爆撃攻勢を開始するのである。(三)ローズヴェルト大統領とチャーチル首相は一九四二年末以前に、ドイツに対する新たな作戦を開始しなければならないということに合意した。両者は、大規模な地上戦をドイツと戦っているソ連を援助することが必要であり、かつまた早期にアメリカをヨーロッパの戦争に関わらせることが、その関心を太平洋の対日戦争に集中させないためにも必要であると考えたからである。ただしイギリス側は一九四二年にドイツ地上軍の大部隊と決戦することはきわめて危険であると判断していたため、この攻勢実施は、経験を積んだイギリス軍とともになされなければならないとする留保をとりつけ、事実上の拒否権を確保していた。

ところで、強大なドイツ軍の存在を前に、惨烈な死闘を繰り返していたソ連は、すでに早くアメリカ参戦前からヨーロッパに第二戦線を設定するようにイギリスに懇請していた。最初の提議は一九四一年九月三日にスターリンからチャーチルに対して行われている。さらに一九四二年五月から六月、イギリスとアメリカを訪問したソ連のモロトフ外相(Vyacheslav Mikhailovich Molotov)が、ヨーロッパにおける第二戦線の開設を要求した。チャーチルは曖昧な対応に終始したが、ローズヴェルトはその年の終わりまでにヨーロッパのどこかに第二戦線を設定すると約束した。しかし、それは遅延した。ソ連は第二戦線が約束されたときそれを額面通り信じ、その遅延を意図的であると非難した。この約束は最終的に一九四四年六月に北フランスで果たされることになる。

アメリカ参戦後、ソ連はドイツ軍事力のほぼ八割を引き受けており、最も多いときでドイツ陸軍の二五五個師団中、約二四〇個師団と戦っていた。チャーチルが指摘したように、ドイツ陸軍の「はらわたを引き裂い」ていたのはソ連赤軍であったことは疑いない。戦死、戦傷、行方不明を含むドイツ軍の損害は東部戦線では六〇〇万人を超えていたが、西ヨーロッパと地中海では一〇〇万人程度であった。別の数字によれば、一九四一年六月から一九四四年六月まで、ドイツ陸軍の戦闘による損害の九三%が赤軍によってもたらされたものである。戦争全期間を通じて、赤軍は東部戦線においてドイツの二〇〇個師団以上と戦い続けた。一九四四年六月のノルマンディー上陸に先立って、英米軍は一度に一〇個のドイツ師団と相見えたことは滅多になかった。枢軸国と戦って死んだ一人のアメリカ人に対して、九〇人のロシア人が死んでいた。かくしてソ連の負担を軽減するという意義から、第二戦線の設定は戦時大同盟の真価を問われる問題となった。そして軍事的には、そもそも独ソ戦争の継続なしには西側連合国がヨーロッパで勝利することは難しかったのである。

アルカディア会談以降、英米の戦略論議の中心となったのは、どこで戦うかという問題であった。この問題をめぐってイギリス側のアラン・ブルック帝国参謀総長（Alan Brooke）とアメリカ側のマーシャル参謀総長との間で意見が対立したけれども、チャーチル首相はローズヴェルト大統領を難なく説得した。すなわち連合国は、ドイツのスペインないしイタリアを経由する攻撃を阻止するために、また地中海の海上補給路を開放するために仏領北アフリカを征服しなければならない。そして後者の目的は、イギリスのエジプトからトリポリタニアへの進撃が成功することが前提となっていた。アルカディア会談の結論を承けて、一九四二年二月にアメリカ陸軍は「ジムナスト（GYMNAST）」、後に「トーチ（TORCH）」と呼ばれるようになる北アフリカ作戦を不承不承のうちに立案した。そうした作業の背後で、イギリスの提案した計画を受け入れることは戦力の拡散につながるとアメリカ陸軍の計画担当者達は懸念して反対していた。彼らは地上軍をただちにイギリス本土に集中することを開始し、可能な最も早い時期に北フランス、ないしベルギーでドイツ軍に決戦を挑むべきであると真剣に考えていた。

アメリカ参戦から、一九四二年一一月のアメリカ軍の北アフリカ上陸作戦までの間、英米の戦略議論は、早期の英仏海峡横断攻撃を主張するアメリカと、それに表面的には同意しつつも、様々な理由を指摘してそれをできるだけ将来に引き延ばすことをイギリスが画策するという形で進んだ。アルカディア会談以後、マーシャル参謀総長は陸軍参謀本部の作戦計画部長であったアイゼンハワー准将（Dwight D. Eisenhower）に命じてドイツを決定的に打倒するための戦略計画の策定を命じた。

アイゼンハワーは三つの将来計画の骨子を示した。（一）海峡横断攻撃のためにイギリス本国に兵員と資材を蓄積する（ボレロ）、（二）一九四三年に実施することを予定する北フランスに対する進攻作戦（ラウンドアップ）、（三）ソ連が崩壊の危機に瀕した場合に、その圧力を軽減するために、六個師団以下の兵力で一九四二年に実施する海峡横断攻撃（スレッジハンマー）。これらの計画をマーシャル参謀総長とホプキンス大統領顧問（Harry Hopkins）は四月、ロンドンに赴いてイギリス側に説明し、ラウンドアップ計画についてイギリス側の同意を得たように思われた。マーシャルはまた、スレッジハンマー計画についても、イギリス側が同意したと受け止めていた。

しかしこの三つの計画について、一九四二年七月にイギリス側がすべて不同意を伝えてきたことから、統合参謀長会議は、ドイツ打倒最優先の方針を対日戦最優先に転換すべしとの意見を大統領に具申した。これにはマーシャル参謀総長もキング海軍作戦部長（Ernest J. King）も合意し、スティムソン陸軍長官も支持を与えていた。この提議をめぐって第二次世界大戦中のアメリカの政軍関係のなかで最大の紛糾が生じたのである。イギリス側との協議において、とりわけアメリカ陸軍が早期の北フランスに対する海峡横断攻撃を主張した背景について、いくつか指摘しておこう。

アメリカ陸軍は一九四一年秋に、ソ連の崩壊を前提としてアメリカ独力でドイツ陸軍を打倒するためには二一三個師団が必要であると見積もっていた。しかし当時、アメリカの人口は一億三〇〇〇万人、そのうち二五〇〇〇万人が兵役適齢と考えられており、産業能力を維持しながら二〇〇個師団を編成することは到底不可能で、ほぼ九〇個師団の戦闘部隊を建設することをめざすことになった。戦争終結時、マーシャルは八九個師団で戦っていた。このことだけでもソ連の継戦は絶対不可欠の条件であった。一九四二年中はとくに、アメリカ陸軍の計画幕僚は独ソ戦の見通しについて悲観的であり、英仏海峡横断攻撃を実施しなければ、ソ連はそれを理由に単独和平に動くのではないかと懸念していた。加えて太平洋方面に大きな圧力をかければ、それは間接的にソ連を援助することになり、また中国を支援することにもつながるとの理由を挙げていた。

またしばしば顧みられないのは、アメリカの人的資源に対してさらに追加して徴兵・徴用を行ったことが戦時生産に与えた衝撃である。アメリカの戦時生産は武器貸与の形をとって、イギリスとソ連に送られた。戦争全期間を通じて、約四三六億ドル、第二次世界大戦におけるアメリカの全軍事支出の一四%が武器貸与に割り当てられ、このうち約一一〇億ドル、すなわち全支出の三・五%がソ連に送られた。アメリカは人口に対してきわめて高い比率の動員を行った（アメリカは全人口の一二%、ソ連は一三%）。その工場群はドイツとその同盟国に対して使用された全戦闘資材の三五%を生産し、そして対日戦争に使用された戦闘用資材の八五％を生産した。

それでも、一九四二年一〇月におけるアメリカの戦時生産局の見積は、マーシャル参謀総長が一九四三年の海峡横断攻撃に必要と考えていた部隊と装備は、一九四四年なかばまで準備できないというものであり、一九四三年一月のカサブランカ会談以前にあっては、マーシャル参謀総長ですらその事情を明確に認識してはいなかった。アメリカは一九四三年においてイギリス本土に第二戦線のための攻撃を開始するに十分な兵力を集結することができたかもしれないが、しかしそれは日本への圧力を低下させ、戦局の転換に死活的な役割を果たしたアメリカの産業生産能力を低下させるだけであったと思われる。そして日本への圧力の低下は、北東アジアにおいて、ソ連に対する日本の脅威を増大させることにつながったであろう。日本陸軍はこの時期まだ対ソ戦争を断念していなかった。

ところで、アメリカ陸海軍は、一九四〇年五月においては、陸軍五個師団八万人の野戦軍（総兵力一七万五〇〇〇名）であり、陸軍航空部隊は、戦闘機一六〇機、重爆撃機五二機、パイロット二六〇〇名の規模、海軍は真珠湾に艦隊の大部分が集結していたが、一個戦闘艦隊の規模に過ぎなかった。この軍事力は一九四五年八月に至って、兵員数でみれば一二〇〇万人を超えて（陸軍八三〇万人、海軍三四〇万人、海兵隊四七万五〇〇〇人）大拡張された。しかし一九四三年なかばまで、ヨーロッパにおいて英米連合の実際の兵力量はイギリスがアメリカを凌駕しており、それを背景に幕僚間の討議においては、イギリスが議論を主導する傾向が顕著であった。

さて、統合参謀長会議がローズヴェルト大統領に一九四二年七月一〇日、太平洋優先戦略への転換を提言したのに対して、大統領は激怒して即座にそれを却下し、合衆国軍最高司令官の権限において、対ドイツ戦争のその後のコースを決定した。七月一四日、彼は太平洋に優先順位を移す計画を覆した。大統領はマーシャルとキング、ホプキンスにロンドンを訪問するように命じた。その公式の訓令のなかで、ローズヴェルトは日本の打倒がドイツの打倒には繋がらないことを再び確認し、一九四二年に対日戦に重点を移行することは、一九四三年にドイツをしてヨーロッパと北アフリカの制覇をより完全にする機会を与えることになるとの見解を示し、彼らに対してロンドン到着後一週間以内に、アメリカ軍を含む英米連合部隊によるドイツに対する北アフリカ作戦についてイギリス側と合意に達するように命じたのであった。

主戦場を太平洋に変えるというマーシャルとキングの要求を却下した大統領の決定に

は、政治・軍事的な要素が入り交じっている。大統領は、統合参謀長会議の提議をイギリス側に対する交渉上の牽制とも捉えていた。しかしその背後には大統領と統合参謀長会議の間に、基本的国益観についての齟齬があったと考えることが妥当であろう。統合参謀長会議は大戦におけるアメリカの基本的国益は、太平洋とヨーロッパにあって地中海にはないと考えていたが、大統領の判断は必ずしも地中海を排除していなかった。そして、太平洋重視を選択することによって、もっとも基本的な政策方針であるドイツ打倒最優先方針を覆されることを断じて許さず、この方針の枠内でヨーロッパの対独戦にアメリカ兵を投入することで、国内世論をも納得させることを意図していた。国内政局においては、真珠湾がもたらした挙国一致の雰囲気は一カ月も経たない間に雲散霧消し、政権の太平洋の戦争への対処に不満を表明する勢力が出現した。太平洋優先を唱える人々は、戦前にアメリカ第一主義を唱道した孤立主義者たちであった。その関連で、一九四四年の大統領選候補の可能性のあったダグラス・マッカーサー（Douglas MacArthur）の政治的経歴に花を添えるようなことは、そもそも出来ない相談であったのだ。

軍事的な観点からは、海峡横断攻撃に全面的な最優先順位を与えるというマーシャルの判断は正しかった。しかし政治的にはイギリス本土に兵力を蓄積し、かつイギリス側の考える進攻作戦に必要な条件が整うまで何もしないままでいることは不可能であった。イギリス側の主張する進攻の前提条件とは、連合爆撃攻勢と赤軍が十分にドイツ軍事力を弱体化させるまで待つということであった。しかしながらイギリスとアメリカの世論は二つの理由からこうした戦略合理性の追求には寛容ではなかった。それはソ連に対する同情と対日復讐戦への熱望である。またチャーチルとローズヴェルトはスターリンが対ドイツ単独和平を図り、「帝国主義諸国間」の戦争から離脱することをも恐れていた。彼らは後の決戦に対する慎重な準備をしつつも、今何もしないことよりも即時の行動を選択した。

一九四二年、チャーチルはシンガポール失陥という大災厄、トブルク陥落など北アフリカでの敗北、大西洋の海上護衛戦の戦局をめぐって、内閣不信任の危機に直面していた。チャーチルにとって、イギリスの一連の敗北の後でイギリス人の士気を鼓舞し、自らの政治的地位を確実にするためにも勝利が必要であった。

同時期においてローズヴェルトもアメリカ人の関心をヨーロッパの戦争に引きつけておきたい理由があった。アメリカ人にとっては日本こそ真珠湾を攻撃した真の敵であり、ある世論調査では六二％がヨーロッパの枢軸国との戦争よりも対日戦争の優先を支持していた。その世論に応ずることは、もっとも合理的と考えていた戦略方針からの全面的逸脱を意味した。

北アフリカ進攻作戦の決定は、軍事戦略的合理性からは離れるところがあったかにみえるが、ドイツ打倒第一という優先順位を総合的な戦争指導政策のなかで確保するためには必要であったと総括できよう。また大統領と首相の決定は最終的には軍事的に有利な態勢をもたらした。地中海における英米軍の軍事的プレゼンスは、フランスに対する主要攻勢を遅らせるものではあっても、北部フランスに対する連合軍の攻撃に際して、やがてドイツ軍が増援集中を図る能力を低下させた。アイゼンハワーの指揮する英米連合軍は、アメリカの中間選挙の投票日よりやや遅れて、一九四二年一一月八日に仏領北アフリカへの上陸に成功した。

これ以降、英米連合軍は、シシリー島からイタリア本土へと進撃し、イタリアは一九四三年九月に降伏する。地中海での戦争はドイツの東部戦線における圧力を軽減するような効果はなかったけれども、一九四四年中、一九個から二三個のドイツ戦闘師団（全体のほぼ一五％）を吸引し、ノルマンディー上陸作戦の時点でイタリア戦線では七個の装甲師団ないし装甲擲弾兵師団が戦っていた。さらに一九四三年におけるドイツ空軍の損耗の三分の一は地中海戦域で生じている。これはノルマンディー上陸時、連合空軍がフランスにおいて絶対的航空優勢を達成し得たことと無関係ではない。政治・軍事両面のあらゆる事情からして、対ドイツ戦争において英米連合には、一九四四年まで地中海以外の戦場はなかったのである。そして英米間で紛糾を重ねた北フランスに対する海峡横断攻撃は、一九四三年一一月〜一二月のテヘラン会談において、スターリンがアメリカ側の主張を支持したことによって、翌年五月に実施することが最終的に決定された。

北アフリカ・地中海への作戦が決定されたことは、連合国のその後の戦争努力に不可避的に大きな影響を与えた。マーシャルが一貫して懸念していたように、それは地中海への戦争資源の継続的な拡散をもたらし、さらに北西ヨーロッパへの進攻を遅らせ、アメリカ海軍の太平洋重視の主張を強化する結果をもたらした。もとより戦争に投入できる資源が無限であれば、西側連合国間、各国の三軍間、連合内部の陸海空軍間、あるいは各戦域間の利害調整は可能であったろう。しかしアメリカの絶大な生産力を以てしても、一九四二年から翌年にかけての輸送用船舶の不足、一九四三年から四四年にかけての上陸用舟艇（兵員、トラックないし戦車を海岸基地から上陸地点まで運ぶもの）の不足を克服することは難しかった。かくして大西洋・地中海・太平洋という主要な三つの戦域および他の多くの支戦場において、どこも、誰も満足できないという情況が生じたのである。一九四三年までに、ドイツ打倒最優先は英米連合の最高戦争指導方針としては依然有効であったけれども、アメリカ側の戦争計画立案の実体面においては、マーシャルのドイツ打倒に集中する原則は揺らぎはじめ、事実上、多正面戦争のための計画が生み出されることとなった。マーシャルは、ドイツ打倒最優先方針を原則として維持していたが、カサブランカ会談以後は、地中海方面の戦争に徹頭徹尾反対という態度をとることなく柔軟に対処しつつも、海峡横断攻撃については一九四四年に実施するという方針を何としてでも維持しようとしていた。

しかしながらこうした多正面戦争への原因を作り出したのは、地中海へのコミットメントだけではなかった。ローズヴェルト大統領の強力なドイツ打倒最優先への政治意思にもかかわらず、一九四二年における実際のアメリカ軍の展開と戦闘は太平洋において行われた。これは日本の攻勢を阻止しようとする初期の努力を超えて、同年なかばに限定的反攻を開始したからである。その決定は太平洋の戦局の推移と、ヨーロッパ戦域における戦略的な決定から導かれたものである。

日米開戦から一〇〇日間に日本軍は南方要域を制圧した。フィリピンにあったマッカーサーはすでに三月にオーストラリアに脱出していたが、マニラ湾のコレヒドール島要塞で絶望的な抗戦を続けていたアメリカ軍も一九四二年五月六日に降伏した。この間、日本はマレー半島、シンガポール、さらにオランダ領東インド諸島を占領し、さらにオーストラリアを孤立させる目的を持って、ニューギニアおよび東ソロモン諸島へ進出しつつあった。アメリカ海軍は二つの海戦で日本海軍の進撃を阻止した。戦術的には引き分けに近いものであったが、五月三日から八日にかけての珊瑚海海戦でアメリカ側は一時的に日本海軍の南方への進撃を阻止することに成功し、さらに六月四日から六日にかけてのミッドウェー海戦で、マハン流の決定的な艦隊決戦にアメリカ海軍を誘致して殲滅をめざした日本海軍は、逆に通信情報のすぐれた活用によって戦機を捕捉したアメリカ海軍によってその基幹戦力である主力空母四隻を失うという大敗を喫した。アメリカ海軍は日本の東方への進撃を阻止したのである。

海軍もマッカーサーもともにこうした勝利の勢いに乗じて、速やかに反攻を開始することを主張した。それはアメリカ世論に合致するものであり、またオーストラリア、ニュージーランド、および中国政府もこれを支持していた。七月にイギリス側がスレッジハンマー作戦への支持を撤回したとき、統合参謀長会議は「限定された戦術的攻勢」は是認できると判断した。こうして八月七日、アメリカ海軍と海兵隊はソロモン諸島のガダルカナル島奪回の作戦を開始し、一カ月後、マッカーサーはアメリカ・オーストラリア連合軍を率いて、ニューギニア東北部沿岸に沿ってパプア作戦を開始した。日本側は即座に猛然と反応した。折からインド洋作戦準備のためにシンガポールに艦隊を集結しつつあった聯合艦隊は、可動全戦力を挙げて東ソロモン諸島海域で戦闘に突入した。海空にわたる消耗戦争は一九四三年はじめまで続いた。これらの攻勢は最終的にアメリカ側の勝利に終わったが、当初予想された規模をはるかに超える戦力が必要となった。トーチ作戦ですら、こうした太平洋への傾斜をとどめることは難しかった。結果的に一九四三年なかば以降、アメリカは独日打倒を並行して行う方針に転換したと考えてもよいと思われる。それは実際のアメリカ軍の太平洋とヨーロッパ

図表2　1943年末における米軍の展開

	対独戦	対日戦
陸海空の全将兵	1,810,367人	1,878,152人
戦闘艦艇	515隻	713隻
作戦用航空機	8,807機	7,857機

［出典］ Maurice Matloff, *Strategic Planning for Coalition Warfare, 1943-1944* (Washington, D. C.: Department of the Army, 1959), 398.
図表は筆者作成。

への展開状況に明らかである（図表2参照）。

対日戦争の諸相

ジャワ島に残った最後のオランダ軍が一九四二年三月九日に降伏した。同日ローズヴェルト大統領は、チャーチル首相に世界を三つの作戦地域に分割する提案を行った。太平洋の作戦責任は全部アメリカが負う。全体の指揮は米統合参謀長会議のもとにあるアメリカ軍人がこれにあたる。イギリスは同様の権限と義務をもって、シンガポールからインド洋を経由、ペルシャ湾、地中海に至る領域を担当し、ヨーロッパと大西洋は英米連合参謀長委員会の直接指揮下に置いて英米の共同責任とする、というものであった。

太平洋は伝統的にアメリカ海軍の独占的な領域であった。戦間期の戦争計画はもっぱら海軍が計画し、海軍は一貫して日本海軍を想定敵として演習を重ねていた。対日戦争が始まったとき、ドイツ打倒最優先方針がただちに実行されていれば、陸軍は海軍の太平洋に対する特別の利益になんら異議を差し挟むことはなかったかもしれない。しかし陸軍は太平洋の危機的状況に対処し、オーストラリア防衛の必要性から、まず太平洋地域に大軍を配備するに至った。オーストラリアとの交通連絡線を守るために一九四二年一月から三月末までの間に、八万の部隊が南西太平洋に向かって出発した。また陸軍機数百機もオーストラリア、ニュージーランド、および両国の防衛に重大な影響のある南太平洋諸島の防衛に派遣された。こうして太平洋は陸軍にとっても大きな戦略正面となった。しかもそこにはフィリピンから脱出したダグラス・マッカーサーがいた。オーストラリアは喜んでマッカーサーを米豪連合の司令官に迎える用意があったが、ハワイにある米海軍軍人を最高司令官に仰ぐことはあり得なかった。もとよりアメリカ海軍は海軍の戦略戦術に疎い陸軍軍人に艦隊を任せるつもりは絶対になかった。しかし現役の海軍軍人と比べて、一九三五年に陸軍参謀総長を退任し、再び現役に復帰したマッカーサーははるかに先任であった。かくして太平洋は二つの戦域に分割された。

このために太平洋の対日戦を指揮する機構は、きわめて異様なものになった。太平洋には単一の指揮官が置かれず、陸海軍の双頭体制が生まれたからである。そして、対日戦の指揮は、統合参謀長会議が執ることになった。マッカーサーも太平洋艦隊司令長官ニミッツ（Chester W. Nimitz）も、統合参謀長会議の構成メンバーである、マーシャル参謀総長とキング海軍作戦部長からそれぞれ命令を受領することになり、統合参謀長会議の下のレベルにあっては、太平洋戦域に誰一人として命令を下す者がいないことになった。

ガダルカナル攻勢を太平洋艦隊の指揮下において実施するために必要であった、マッカーサーの南西太平洋区域との作戦境界線をわずかに変更することですら、マーシャルとキングの数回にわたる会議が必要であったのである。

こうした指揮編成が陸海軍間での、輸送船舶や上陸用舟艇、航空機といった限られた資源の配分をめぐる紛糾を生み出し、戦争努力の重複を生み出した。太平洋でアメリカ軍は部隊を二つに分割して戦っていたが、分割された弱小部隊が日本側の比較的小規模の部隊に脅かされる危険性は常に存在した。そうした破局が生じなかったのは幸運によるものであった。一九四三年一〇月～一二月のハルゼー（William F. Halsey）によるラバウル攻撃時に生じた危険はその一例である。対日戦を一貫して特徴付けるのはアメリカの陸海軍間の競争意識である。

対日戦争戦略を概観すれば、アリューシャン列島線から日本に接近することは厳しい天候条件のため現実的ではなかった。したがって対日戦争では二つの戦略的可能性が残っていた。太平洋におけるアメリカ陸軍を率いるダグラス・マッカーサーはソロモン諸島を占拠ないし迂回し、北部ニューギニア海岸沿いに基地航空部隊の支援のもと、海上機動によって要地から要地へと進撃し、フィリピンを再征服し、ルソン島の北端から日本に向かうという計画を精力的に主張した。これを実行するために彼は最大限の資源が南西太平洋に集中されるべきであり、この攻勢は彼の指揮下におかれるべきであると考えていた。

一方、統合参謀長会議で海軍を代表したキング作戦部長は艦砲と艦載機による支援のもとに水陸両用作戦を中部太平洋の島嶼に対して指向すべきであると激烈に主張した。彼はマーシャル、カロリン、マリアナ諸島を通じて日本に進撃することを提案した。マーシャル参謀総長はこの二つの進撃計画について、ヨーロッパにおけるアメリカの主要な戦争努力を太平洋に向けることになる事態は阻止しようとしたが、どちらかを選択することはなかった。最終的に関係者すべてが妥協し、理論的には対日戦争は対ドイツ戦争終了後まで引き延ばされることになった。しかし現実にはアメリカは両洋にわたる戦争を同時に戦っていたのである。太平洋戦略については、マッカーサーの進撃路も海軍の進撃路も同時に追求され、予定された日本本土進攻のために再び分離する前に、その進撃路はレイテで合流した。そしてその後、日本攻撃の根拠地を確保するため、マッカーサーはルソン島に向かい、太平洋艦隊は硫黄島と沖縄に向かったのである（96～97頁の地図参照）。

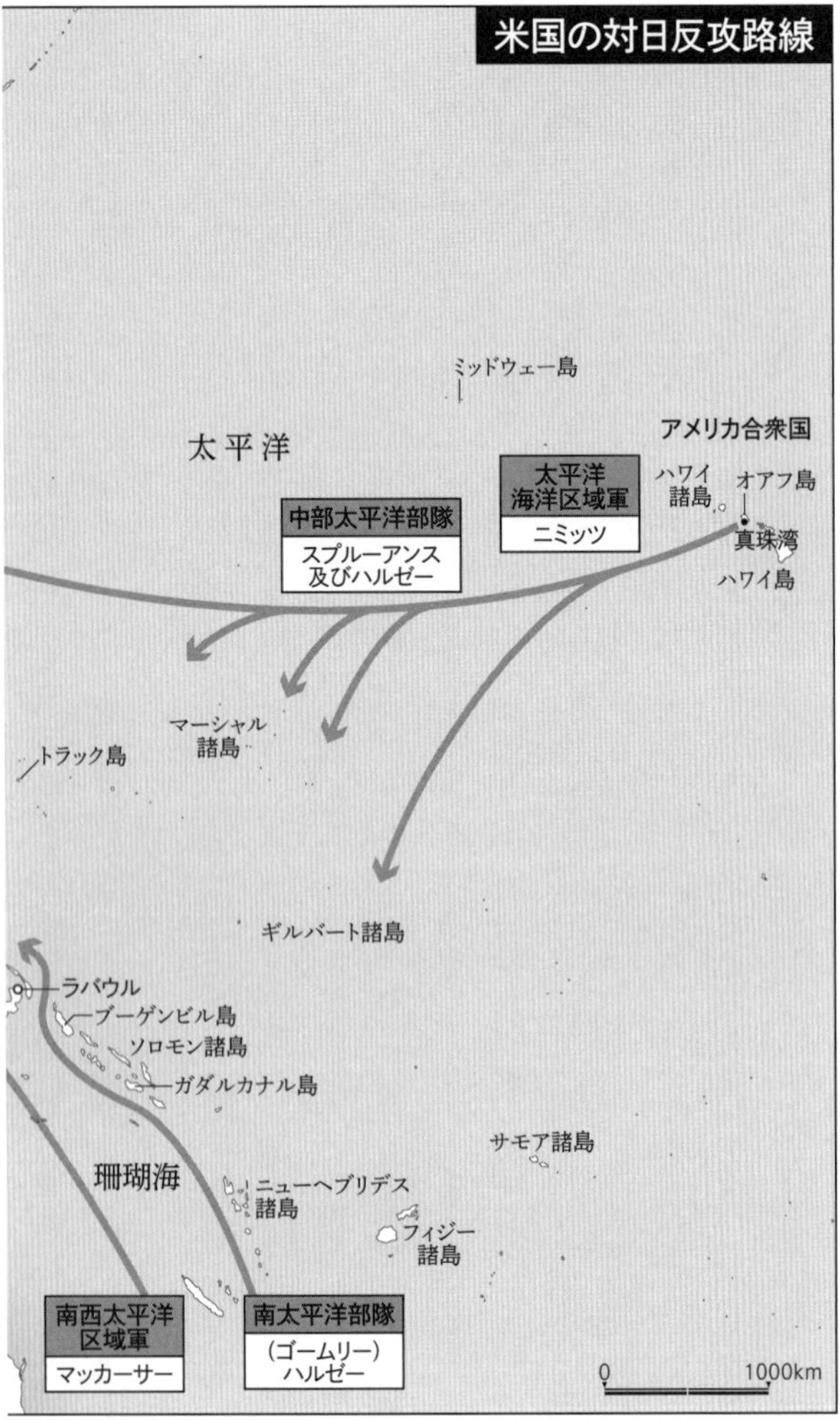

米国の対日反攻路線
ミッドウェー島
アメリカ合衆国
太平洋
太平洋
海洋区域軍
ニミッツ
ハワイ
諸島
オアフ島
真珠湾
ハワイ島
中部太平洋部隊
スプルーアンス
及びハルゼー
マーシャル
諸島
トラック島
ギルバート諸島
ラバウル
ブーゲンビル島
ソロモン諸島
ガダルカナル島
サモア諸島
珊瑚海
ニューヘブリデス
諸島
フィジー
諸島
南西太平洋
区域軍
マッカーサー
南太平洋部隊
（ゴームリー）
ハルゼー
0
1000km

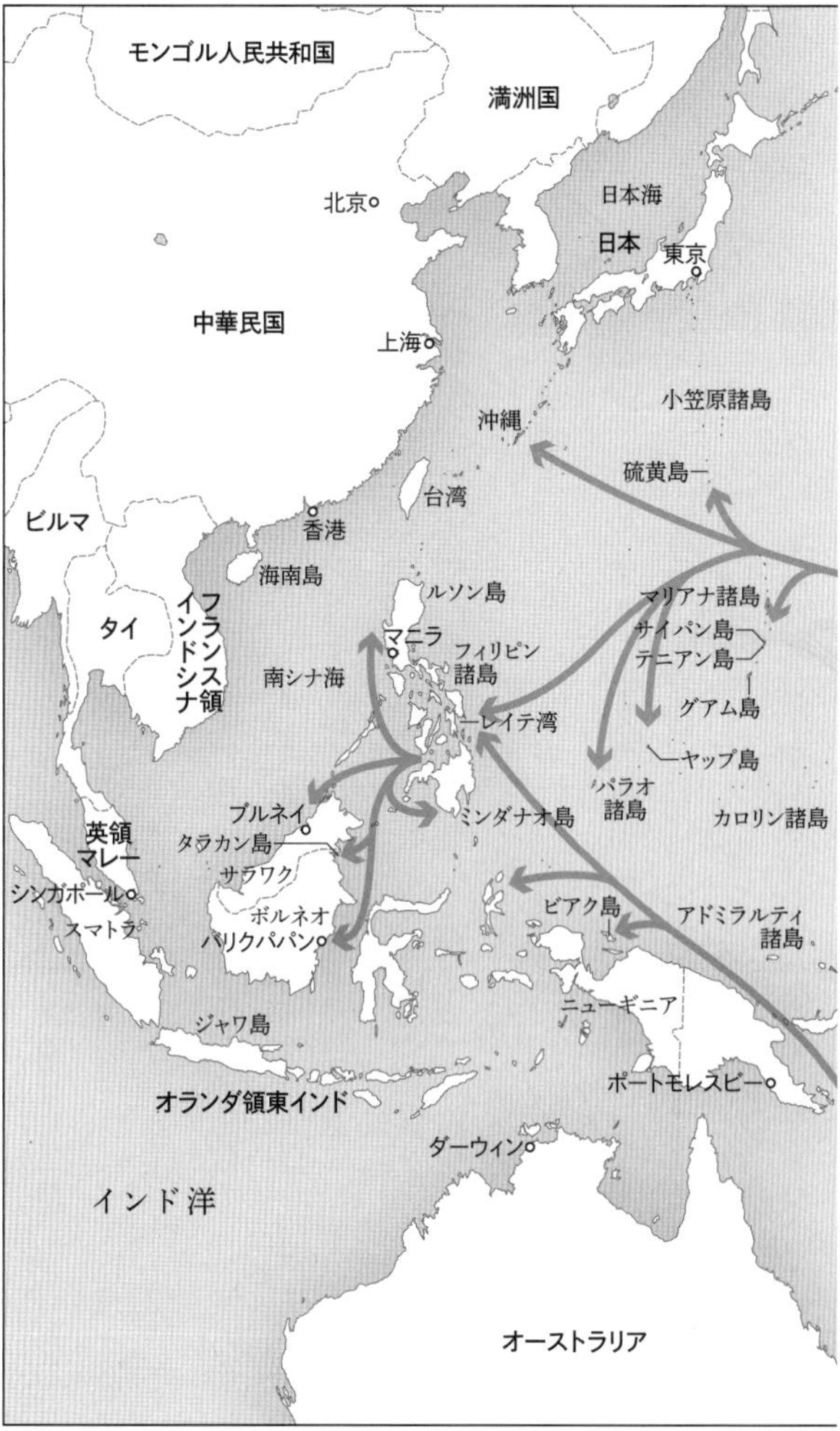
モンゴル人民共和国
満洲国
北京
日本海
日本
東京
中華民国
上海
小笠原諸島
沖縄
硫黄島
台湾
ビルマ
香港
海南島
ルソン島
マリアナ諸島
タイ
フランス領インドシナ
マニラ
サイパン島
テニアン島
フィリピン諸島
南シナ海
レイテ湾
グアム島
ヤップ島
パラオ諸島
ブルネイ
ミンダナオ島
カロリン諸島
英領マレー
タラカン島
サラワク
シンガポール
ビアク島
アドミラルティ諸島
スマトラ
ボルネオ
バリクパパン
ニューギニア
ジャワ島
ポートモレスビー
オランダ領東インド
ダーウィン
インド洋
オーストラリア

一九四四年はじめ太平洋にあったアメリカの戦闘員は、対ドイツ戦を戦っていた兵員数とほぼ同じであり、両方の戦域にそれぞれ約一八〇万人が展開していた。もちろん太平洋にはより多くの海軍と海兵隊が、そしてイギリスと地中海には主として陸軍と陸軍航空部隊が展開していた。そして一九四四年から翌年にかけては上陸用舟艇の数が英米の戦略を支配する最重要の要因となった。上陸用舟艇は地上軍部隊を敵の保持する海岸に投入するために、欠くことのできない手段であった。ヨーロッパにおける戦略的な戦力集中の頂点であった一九四四年六月までに、連合国は対ドイツ作戦のためにイギリスと地中海に大型の上陸用舟艇一六〇九隻を集中した。同じ種類の上陸用舟艇は太平洋では三七六隻が運用されていた。大型の輸送船から兵員を海岸まで運搬する小型の上陸用舟艇は、ヨーロッパにおいて三〇二九隻が運用可能であり、太平洋では三六〇九隻が運用されていた。

一九四四年六月六日のノルマンディー上陸作戦開始当日、連合軍はフランス海岸に一五万の兵員を上陸させた。その直後、太平洋ではほぼ同規模の兵力による上陸作戦が行われようとしていた。マーシャル諸島からマリアナ諸島に進攻するため一〇〇〇海里の太平洋を越えて、約一二万五〇〇〇の兵員が輸送されたのである。アメリカ海軍のマリアナ進攻はノルマンディー上陸作戦に比肩する大規模作戦であった。決定的戦闘が双方の戦域で始まった。

マーシャル参謀総長は極東における連合戦略がヨーロッパにおける勝利のための計画と結びつけられることを強く主張していた。ローズヴェルト大統領とマーシャルは当初、蔣介石と彼の中国軍が、ソ連がドイツに対して果たしている役割と同じものを対日戦争で果たすことができると期待していた。アメリカは中国軍を訓練し装備して日本の地上軍の大部分を引き受けるように物心両面で支援し、後に対日長距離爆撃機の基地の防衛の役割を引き受けるようにすべきであると考えていた。アメリカの太平洋戦略には、中国の戦争継続確保のための方策が常に模索されていた。それはまた、北ビルマにおける中国への補給路の啓開が目指された理由であった。

しかしながら戦争後半期においてはアメリカの蔣介石に対する期待は消え去りつつあった。それは蔣介石なしでも日本を打倒する方法がより確実になりつつあったことが原因であった。アメリカ軍事幕僚の間での、中国に対する幻滅は一九四三年には明らかであった。同年五月、統合参謀長会議は中国への補給のためにビルマ奪回を示唆した。その後の作戦計画にあっては、香港はおそらくは中国によって奪回されるというシナリオであった。この新たな補給路とともに中国は英米の援助によって連合軍の空軍基地のために、日本の占領地域を一掃するとされていた。しかし第一次ケベック会談（一九四三年八月）において、アメリカの計画幕僚は、中国が戦争から脱落する場合に備えて、英米の計画は柔軟であるべきとしていた。一九四三年一一月、チャーチルはラングーンへの日本の海上交通路を遮断するために計画されていたアンダマン諸島へのイギリスによる上陸作戦を中止することをアメリカ側に求めた。一方、蔣介石はこの作戦が彼の北部ビルマにおける協力の条件であると主張していた。この論議をめぐって蔣介石の意見は容れられず、上陸用舟艇はヨーロッパに振り向けられた。中国軍は、連合空軍の基地のために日本の占領地帯を奪回することができないどころか、現に存在する飛行場の防衛すらできなかった。一九四四年四月から日本軍が開始した一号作戦は、中国本土にあったアメリカの空軍基地の大部分を占領・破壊し、さらに中国のいくつかの港湾を占領した。この結果、中国から日本に進攻するという計画の可能性は最終的に排除された。そして日本爆撃のための代替基地がマリアナ諸島となった。

対日戦争に対するソ連の参加を英米が望んだ理由は、東アジア全域に広く配備されていた日本陸軍をアメリカ一国で引き受けたくなかったからであった。ソ連の対日戦争への参加は一九四三年一〇月一九日、モスクワ外相会談時に、スターリン自身から「同盟国ドイツを敗北させた後、ソ連は日本を敗北させるため対日戦争に参加する」ことが、コーデル・ハル国務長官にはじめて明確に伝達された。同年一一月～一二月のテヘラン会談において、ドイツ降伏後のソ連の対日参戦の意思が、スターリンからローズヴェルトとチャーチルに正式に伝えられた。ソ連側でそれを知るのは、スターリン以外では、ベリヤ内務人民委員部（ＮＫＶＤ）長官（Lavrentij Pavlovich Berija）とモロトフ外相のみであった。翌四四年一〇月一七日のモスクワ外相会談時に、スターリンはハリマン駐ソ米大使（William Averell Harriman）とジョン・ディーン駐ソ米軍事使節団長（John R. Deane）に、計画している満洲作戦の概要を説明し、対日戦争への参加を再確認した。スターリンは一九四五年二月に約定されたヤルタ協定の極東条項で、対日戦争への参戦の代償を確保した。英米の側も日露戦争前の帝政ロシアの極東権益を回復することは、対日戦争参戦に際して、ソ連にとって相応の報酬であると認めたのである。

ヴァシレフスキー参謀総長（Aleksandr Mikhaylovich Vasilevsky）は、一九四三年末に対日戦争への参加の可能性を承知したと思われるが、一九四四年九月になって、スターリンはヴァシレフスキーに対して、極東における兵力と物資の集中を指示し、参謀本部は作戦計画の最終的完成をめざした。ヴァシレフスキーは一九四五年七月五日チタに到着、三〇日に極東方面軍総司令官に任命された。ソ連軍は八月九日未明に一斉にソ満国境を越えた。

イギリスの対日戦争

一九四三年九月にイタリアが降伏し、同じ頃ドイツ戦艦ティルピッツがイギリス潜水艇の攻撃により、ノルウェーの泊地で行動不能となったことによって、イギリス海軍は本国水域および地中海に大規模な海軍力を保持する必要から解放された。こうした状況の下で、一九四四年はじめイギリス三軍幕僚長委員会は極東戦略の計画に着手した。イギリス東方艦隊の太平洋における展開の態様については、海軍省と三軍幕僚長委員会は中部太平洋における対日大攻勢にイギリス海軍部隊が参加することを強く主張していた。三軍幕僚長委員会の方針は、第二次カイロ会談でローズヴェルト大統領とチャーチル首相が承認した方針であった。しかし程なくチャーチルはこれを無視し、ベンガル湾での上陸作戦、とくに北部スマトラに対する作戦構想を打ち出した。そしてチャーチルは、東方艦隊は太平洋ではなく、イギリス領土であるマレー半島およびシンガポールの奪還を支援すべきであると主張し始めた。

顧みれば、日本が一九四一年一二月に大戦に参戦し、わずかな期間で極東におけるイギリスの勢力は駆逐された。この事態が明らかにしたのは、イギリスはそのグローバルな存在に見合う力を保持していないという事実であった。越えて一九四三年八月に第一次ケベック会談での英米合意において設置された東南アジア軍（SEAC : South East Asia Command）は、対日戦争へのイギリスの積極的な取り組みをめざすものであった。しかしながらその対日作戦計画の作成は、対独戦および地中海での戦局の進展を待たざるを得ず、インド洋やビルマはロンドンの戦争内閣にとっての優先順位はきわめて低かった。戦況も激しいものではなく、チドウィン河とベンガル湾において、日英の間に奇妙な均衡が一九四三年はじめまで成立していた。

こうした戦況のなかで首相と三軍幕僚長委員会は、太平洋においてアメリカ海軍の攻勢とともに戦うか、あるいはスマトラ、マレー、そして最終的にシンガポール奪還をめざしてイギリス独自の攻勢をとるかという方針をめぐって対立した。この対立は、イギリス海軍が中部太平洋においてアメリカ海軍太平洋艦隊司令長官ニミッツの指揮下に最大限にアメリカ海軍を援助するか、そしてそれがアメリカ側に拒否された場合には、イギリス人指揮官の下にオーストラリア、ニュージーランドの各部隊からなるイギリス帝国任務部隊を編成し、南西太平洋においてマッカーサーの下で作戦することをアメリカ側に提案するという形で決着した。

イギリス側の提案を承けて、第二次ケベック会談（一九四四年九月）において、アメリカの太平洋攻勢にイギリスが参加することをローズヴェルト大統領が直ちに承認し、この問題は決着した。対日戦争の主要作戦に同盟国としてイギリスが貢献することは、もとより戦時同盟の意義を高めるものであったが、同時にその貢献によってイギリスはアメリカの軍事・経済援助の継続をも獲得した。すでにイギリスは独力でグローバルな軍事的役割を果たすことはできなくなっていた。

ケベック会談における決定をうけて、イギリス東方艦隊は一九四四年一一月に分割され、艦艇の大部分はフレーザー海軍大将（Bruce Fraser）指揮下に太平洋艦隊として再編された。主力艦隊は一九四五年一月一六日ツリンコマリーを出発、二月末シドニーに集結した。その兵力は戦艦二隻、艦隊空母三隻、重巡五隻および艦隊補給部隊を含む大艦隊であった。この間、一九四四年一二月にはフレーザー大将自らが真珠湾を訪れ、アドミラルティ諸島のマヌス島をイギリス海軍の前進根拠地とする協定にニミッツ米太平洋艦隊司令長官と調印している。そして次席指揮官ローリングス海軍中将（Sir Bernard Rawlings）率いる空母艦隊は三月一五日マヌス島に進出、イギリス太平洋艦隊主力は、レイモンド・スプルーアンス海軍大将（Raymond Spruance）率いるアメリカ第五艦隊の一部、第五七任務部隊として、沖縄作戦への出撃が命じられた。イギリス太平洋艦隊は、この後日本降伏まで沖縄および日本本土海域で作戦した。

この間、中部ビルマではイギリス第一四軍を率いるスリム中将（William J. Slim）の反攻が一九四四年一二月から始まり、翌年五月三日にラングーンを奪回した。陸路からのビルマの奪回はすこぶる困難視されていたが、それはほぼイギリスの力のみで達成された。一九四五年七月二四日、ポツダム会談時の軍事協議において連合参謀長委員会は、イギリスの主張によって東南アジアの軍事管轄権を再編し、北緯一六度線以南のインドシナおよびマッカーサーの南西太平洋戦域のうち、フィリピンとオーストラリアを除くすべての区域をイギリスの勢力圏に編入することを認めた。八月三〇日、イギリス海軍部隊は香港を再占領した。九月一二日シンガポールにおいて、日本軍の降伏調印式が行われた。イギリスのアジアにおけるもう一つの戦争目的である、帝国の戦前状態の回復は達成されたのである。

爆撃と封鎖

アルカディア会談で採択された戦略方針にあるように、ドイツと日本に対する戦略爆撃攻勢は、戦争遂行上の既定方針となっていた。ドイツに対する戦略爆撃は、チャーチルが期待したように、それだけで連合の勝利をもたらすものではなかったが、一九四三年春の連合爆撃攻勢によるルール地方の都市と工業施設に対する大量爆撃は、ドイツの軍需能力を減殺する甚大な被害を与えていたことが今日ようやく明らかになってきている。

新たに開発された超重爆撃機B－29によるアメリカの日本本土に対する空襲は、産業目標に対する昼間高高度からの目標に対する精密爆撃の手法で当初行われていた。けれどもそうした爆撃方法は天候条件に左右されることが多く、期待した成果を得ることができなかった。このため空襲の態様は一九四五年はじめから、低高度の夜間焼夷弾攻撃に転換した。三月の東京大空襲はそうした戦術転換の試みであった。一九四五年三月九日から六月一五日まで続いた大都市工業地区に対する爆撃は、東京、名古屋、神戸、大阪、横浜の五大都市の重要地域を一掃し、多数の軍需工業の生産能力を破壊するとともに、無数の下請工場群が完全に破壊された。

五大都市の事実上の壊滅にともなって、残存していた中小都市の工業地区の重要性が浮かび上がり、それらに対する徹底的な焼夷弾空襲が一九四五年六月一七日から八月一四日まで続くことになった。このほか、米爆撃機部隊は、四月に沖縄侵攻のための支援作戦や機雷敷設、ならびに特定工業目標に対する通常爆弾による昼間攻撃も実施していた。そして八月六日、九日には広島、長崎への原子爆弾投下を実施したのである。原子爆弾を相互の合意なしに第三国に使用しないという一九四三年八月一九日調印のケベック協定に基づいて、イギリス政府は一九四五年七月四日に原子爆弾の対日使用を公式に承認していた。

空襲による人的被害は甚大な規模となった。都市爆撃による人的被害の数値は調査によって様々であるが、一九四九年当時に経済安定本部がとりまとめた資料によれば、死者二九万九四八五人、重軽傷者三一万三五二二人、行方不明者二万四〇一〇人にのぼっている。これらには艦砲射撃などによる被害も含まれている。米戦略爆撃の計画者たちは、人口三万人にも満たない町も爆撃の目標とした。かくして終戦までに数多くの中小都市が灰燼に帰した。図表3は七月九日以降終戦までの空襲による市街地破壊比率であるが、破壊の程度のみに着目すれば、一四の都市が原爆攻撃を受けた広島と同等、もしくはさらに徹底した破壊を被っている。ことに六六三二トンの爆弾が一挙に投下された八月一日、二日の長岡、富山、水戸、八王子に対する空襲は史上最大の爆撃であった。

広島と長崎に対する原子爆弾攻撃は、一瞬のうちに大量死・大被害を生じた凄惨さと、当時は分明ではなかった残存放射能による持続する被害をもたらした点で希有のものである。けれどもそうした側面を除くと、数時間のうちに市街地が壊滅するような空襲被害が日本各地で連続していたのである。

日本人の心理に対する衝撃と、地域爆撃の期待しうる間接的な効果によって、戦略爆撃を行った米陸軍戦略航空軍はこうした爆撃を正当化していた。そこにはヨーロッパ戦域におけるイギリスの戦略爆撃の思考方法が色濃く影響していたけれども、さらにアメリカ的な戦争様式の歴史的展開をみることもできよう。もともとアメリカ陸軍の伝統的ドクトリンは、圧倒的な戦力を蓄積集中して敵国心臓部を衝き、敵の主力に決戦を強いて、それを殲滅するという戦い方に体現されるものであった。南北戦争における北軍のアプローチがそれである。そうした意味では、シャーマン将軍（William Tecumseh Sherman）

図表3 密集地域破壊比率

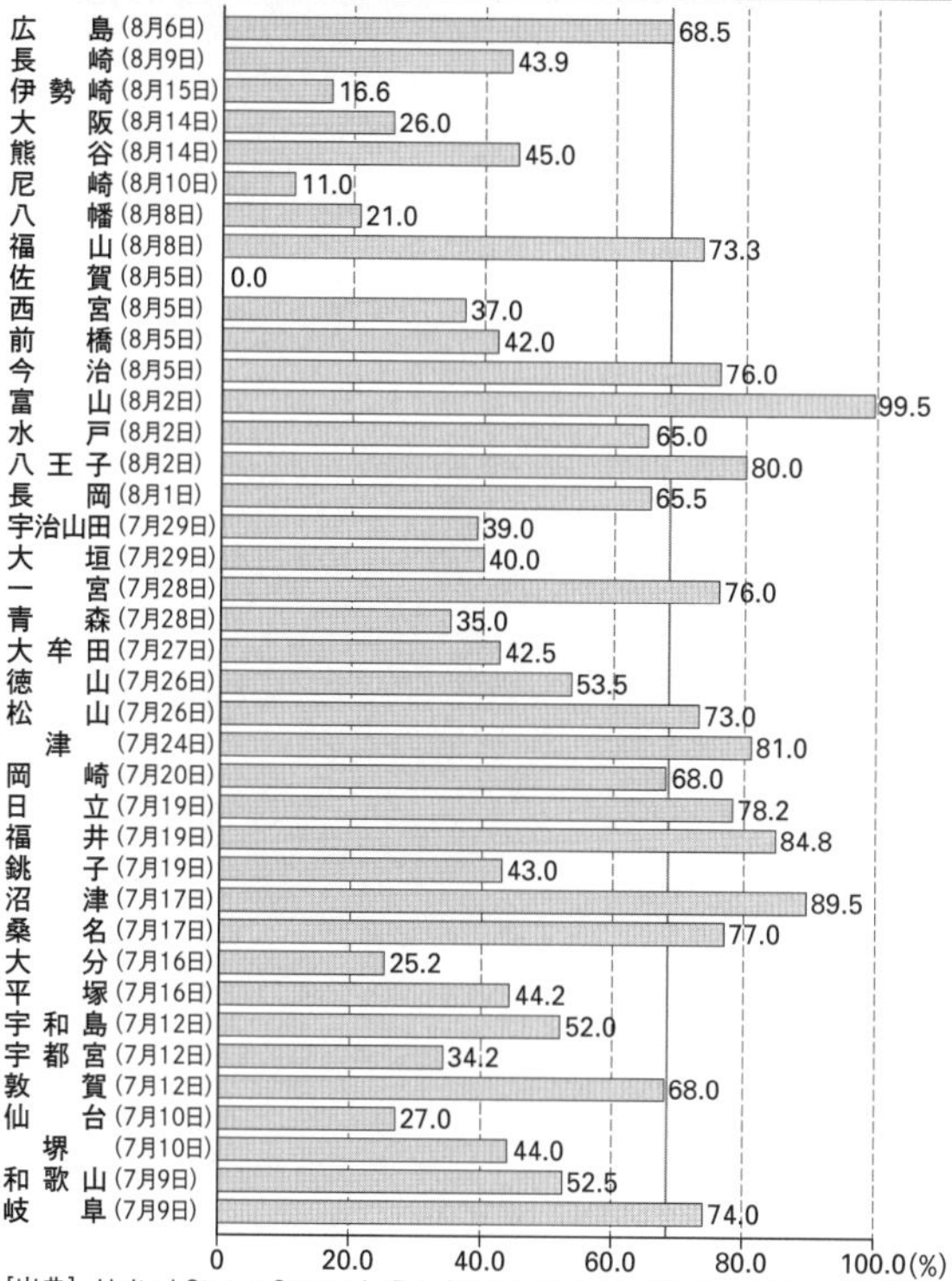

[出典] United States Strategic Bombing Survey, Pacific Report No. 66, "The Strategic Air Operations of Very Heavy Bombardment in the War against Japan (20th Air Force)," (1 September 1946), 33-34.
図表は筆者作成。

がアトランタを焼き討ちして全滅させた戦争の態様は、一直線に広島・長崎につながっている。

　日本の真珠湾攻撃直後からアメリカ海軍は対日無制限潜水艦作戦を開始した。日本の海上輸送に対する攻撃に軍民の区別は当初からなかった。戦争の進展にともなって、アメリカ海軍の日本の資源輸送に対する海上交通破壊戦は次第に熾烈をきわめた。それはやがて日本の戦争経済を崩壊させる効果を持ち始めていたが、戦争終盤においては、さらに日本および朝鮮半島に対する攻勢機雷戦が遂行された。

　マリアナ諸島に展開した陸軍航空部隊の戦略爆撃機が海軍の支援を受けつつ実施した日本とその周辺に対する機雷敷設は、一九四五年三月二七日からはじまった。その目的は第一に日本への原材料と食料の輸入を阻止すること。第二に日本軍隊の補給と移動を阻止すること。第三に日本内海の海運を崩壊させることであった。日本本土水域には上記の目的をもって総計四六回の出撃がおこなわれた。目標の優先順位は下関、備讃瀬戸、神戸─大阪、広島─呉、佐世保、長崎、名古屋、東京─横浜、横須賀、徳山であった。

　ことに下関海峡に対する機雷敷設は熾烈をきわめ、触雷によって四月だけでも一六隻約二万トンの船が沈められ、他に九隻約二万トンの船舶が破損した。五月に入ると機雷敷設は間断なく実施され、大型船の下関海峡の航行は実質的に終止符を打った。従来、下関海峡を通過して内海に入っていた朝鮮半島、満洲からの船舶は、本州北西部の港か、九州の港に入港しなければならなくなった。さらに沖縄の基地が確保されると、機雷敷設はウォンサン（元山）、フンナム（興南）、チョンジン（清津）、ナジン（羅津）といった朝鮮半島北東部の諸港に対しても実施された。日本海を渡る大陸との海路もおおむね遮断された。Ｂ－29による機雷敷設はこの後、終戦まで継続した。敷設された機雷は総数一万二一三五個、そのうち日本本土周辺に敷設された機雷は一万一二七七個に達した。こうして七月頃までに下関海峡および日本の重要産業港湾は事実上、完全封鎖の状態となったのである。

戦争全期間にわたって、日本船舶の損害は八九〇万トンにのぼっていた。さらに沖縄戦の終結以降、英米連合海軍の空母部隊は七月から終戦まで、日本周辺海域で作戦行動に従事した。その任務は、日本の戦術航空兵力を攻撃し弱体化すること、本州北部と北海道の防備を偵察・攻撃すること、そして日本の沿岸航路の海運を破壊することであった。空母部隊は七月中、瀬戸内海方面の目標を攻撃し、その後日本本土東方海面を南北に移動しながら沿岸各地への空襲や艦砲射撃を反復した。この頃から本土の沿岸航路もほぼ閉ざされることとなった。ことに空母艦載機による攻撃によって、七月一四〜一五日に青函連絡船一二隻中一〇隻が沈没・座礁炎上し、二隻が大損害を受けた。この攻撃時、船舶一一万トンが沈められ、大小の機帆船の多くもまた大損害を受けた。北海道産の石炭の三〇％以上は青函鉄道連絡船によって本州に運搬されていたが、この攻撃によって北海道と本州の物資輸送もほぼ遮断されるに至ったのである。一九四五年夏における戦争の軍事的帰結は日本の完敗であった。

おわりに

英米ソ大同盟における対日戦略は、ローズヴェルト大統領が参戦にあたって採用した戦略概念からすれば、ドイツ打倒最優先方針のもとでの従属変数であった。けれども一九四三年なかば以降、アメリカは文字通り両洋戦争を戦うことになった。その理由は開戦当初の太平洋の危機に際して緊急増援した陸軍兵力が存在することになり、マッカーサーの存在と相まって陸軍にとっても太平洋は主要な戦場となったこと。アメリカ海軍の日本海軍に対する激烈な闘争心、および連合参謀長委員会で太平洋の重要性を終始一貫主張して対日戦用のリソースを確保したキング海軍作戦部長の尋常ならざる努力。対日戦争を支持する広範な国内世論、そしてアメリカの莫大な生産力である。

戦争全期間を通じて大戦略レベルから戦域の戦略に至るまで、異なる戦域間の相互の関係性に対する理解、企図される作戦の優先順位の調整において、様々な危機を克服しつつ、英米連合は巧みに大戦全体をグローバルに戦ったと評価することができよう。そしてその根幹には、ソ連のドイツに対する激烈にして凄惨をきわめた抗戦があった。大同盟三カ国のいずれが欠けても、勝利は達成できなかった。

【参考文献】

Stoler, Mark A. *Allies and Adversaries: The Joint Chiefs of Staff, the Grand Alliance, and U.S. Strategy in World War II*. Chapel Hill: University of North Carolina Press, 2000.
Hayes, Grace Person. *The History of the Joint Chiefs of Staff in World War II: The War against Japan*. Annapolis, MD: Naval Institute Press, 1982.
Lacey, Jim. *Keep From All Thoughtful Men : How U.S. Economists Won World War II*. Annapolis, MD : Naval Institute Press, 2011.
ロナルド・Ｈ・スペクター（毎日新聞外信グループ訳）『鷲と太陽――太平洋戦争　勝利と敗北の全貌』（上・下）、ＴＢＳブリタニカ、一九八五年

第3章　中国から見た開戦とその展開

川島真

1. 蔣介石・重慶国民政府から見た太平洋戦争開戦

重慶から見た真珠湾攻撃

蔣介石は、長らく日本と英米との開戦を待ち望んでいた。では、真珠湾攻撃が行われてからの戦争は蔣介石の期待したように展開したのであろうか。結論を先取りして言えば、確かに連合国の四大国の一つにもなり、連合国から一定の支援を得られるようになったものの、実際にはビルマや浙江省での戦闘で戦果が得られず、また支援も十分でなく連合国への不満をあらわにすることになる。本章では、真珠湾攻撃からの半年間、およそミッドウェー海戦に至る時期の状況について、『総統蔣公大事長編初稿』（秦孝儀主編、中正文教基金会）や「蔣介石日記」を主に参考にしながら記してみたい。

一九四一年十二月八日、真珠湾攻撃の報に接した蔣介石は、「抗日戦争について行ってきた政略によって得られた成果は、まさに本日頂点に達した。物極まれば必ず方向が変わるともいうが、このように自ら望んだ状況になり、気持ちを抑えてはいられないほどだ」と「蔣介石日記」に記している。成就の頂点、まさに自らの願いが叶った絶頂にあったのである。

蔣介石はその数日後の日記で、「日米開戦の時、日本は宣戦せずに突然ハワイを襲い、アメリカに重大な損失を与えた。その行動の素早さに鑑みれば、日本は早い段階から十分に準備していたことがわかる。そして、アメリカが日本に対して暫定的な妥協を示し、中国を犠牲にしようとしても、結局日本はそれを受け入れないものと思われていた。だからこそ、中国の反対があって、アメリカは日本に対して強硬な原則を提起したのであった。もし、中国が大国の風格を失えば、その立国の栄誉さえも失うことになるだろう」などと述べていた。

さて、十二月八日、日本の真珠湾攻撃の報に接すると、蔣介石は中国国民党中央常務委員会特別会議を招集した。そこで、以後の中華民国重慶国民政府としての方針を定めた。当時の中国政府の呼称は、中華民国国民政府であるが、南京に汪精衛（兆銘）政権があることも踏まえて、重慶国民政府と記されることが多い。その重慶国民政府としての方針は、太平洋における「反侵略」（反日本）の各国と正式に同盟関係を築き、それをアメリカが主導し、そのアメリカを連合国総司令に推挙すること、英米ソ中の四国が一致して日独伊に宣戦することを要求すること、また連合国は相互に太平洋戦争勝利以前に日本とは単独で講和しないよう求めること、などという三原則であった。このうち、特にソ連の動向に注目していた、とされる。なぜなら、ソ連が対日宣戦してこそ、日本が対中侵略に集中するのを防ぐことができる、と考えられたからであった。

中華民国重慶政府は一九四一年十二月九日、すなわち真珠湾攻撃の翌日、日本に宣戦布告した。ドイツとイタリアに対しては宣戦布告ではなく、声明を発して戦争状態にあることを述べた。日本は汪政権を承認していたので、重慶国民政府に宣戦布告はしなかった。なお、重慶国民政府の提起した三原則であるが、これらは十二月二十五日にルーズベルトとチャーチルがワシントンで会合して策定した連合国共同宣言（Declaration by United Nations）におよそ盛り込まれたのであった。

対日宣戦布告の内容

重慶国民政府の対日宣戦布告文は、「日本の軍閥はつとにアジアを征服し、また太平洋を独覇することをその国策としている」との文言から始まる。アジアと太平洋を分けて認識していることに留意を要する。そして、「数年以来、中国は一切の犠牲を顧みず、抗戦を継続してきたが、その目的は中国の独立生存を保衛するということだけにあったのではなく、日本の侵略の野心を打破し、国際公法の正義と人類の福利、そして世界平和を維持し、護ろうと欲したからなのである」などとし、一九三七年以来の抗戦についてそれが単に中国としての単独の国益のためではなく、世界のためであったとし、すでに一九三九年から第二次世界大戦が始まっていることを視野に、連合国と方向性を同じくしていることを強調している。

ただ、一九三七年からの四年、特に第二次世界大戦が一九三九年に始まってからの二年間については、位置付けが難しかったようである。宣戦布告文は引き続きこう述べる。「中国人は和平を極めて愛する民族であり、過去四年あまりの神聖なる抗戦において、侵略者の日本に対して実際に懲罰を受けさせ、その後に、よくよく反省させようと考えていた。この四年の間、他の友邦もまた極めて寛容であり、日本が過ちを悔い改めることを願っていた。そうしてこそ太平洋の和平は維持できるはずであった。しかし、はからずも残暴をその性とする日本人は道を誤り、無謀にもイギリス、アメリカなどのわが友邦との間に戦火を開き、その戦争による侵略行動を拡大し、甘んじて全人類の和平と正義を破壊する首謀者となり、その侵略を厭わない野心を逞しくしたのである」。つまり、一九三七年からの四年間の戦争は、日本に悔い改めさせるための戦争であり、他の友邦諸国も寛容な姿勢でそれを見ていたのだが、そのような寛容さが真珠湾攻撃によって裏切られ、とうとう本格的に戦争をすることになった、という論理になっているのである。そして、「およそ正義を尊重する国家であれば、このような日本に対して誰も容認する国はないであろう」として、正式に対日宣戦することを内外に宣布して、一切の条約・協定などを破棄する、としたのであった。

これに対して、ドイツやイタリアへの声明文は、日独伊三国同盟以来、「侵略集団」を形成していたことを挙げる。また独伊が満洲国や南京の汪精衛政権を承認したので、中国はすでに両国との外交関係を断絶していたが、最近になって独伊と日本がその侵略行動を拡大させて、太平洋の和平を破壊したとし、そのことが国際正義を破壊するものであり、人類文明の公敵だとした上で、中国政府は両国と「戦争の地位」に置かれることになるとし、一切の条約や協定などを破棄する、としたのであった。

ここで蔣介石は、他の友邦と一致した行動をとることに腐心していた。そして、中国だけが国益のために日本と戦争するのではない、ということを強調したのであった。これは集団安全保障の論理を踏まえていただけでなく、国際協調路線の中で国際的地位を向上させていく試みでもあったと言えるだろう。

全国軍民に告げる書

十二月十日、蔣介石は経済会議を主宰し、戦争開始後の経済政策について審議した。またこの日には前日の宣戦布告を受けた「全国軍民に告げる書」を公にした。これは、すでに四年にわたる戦争を行なっている国民に対して、戦争が新たな段階に入ったことを告げたものであった。その基調は、上述の宣戦布告とおよそ同じである。ただ、戦争が異なる段階に入ったことについての次の部分は重要だろう。

惟《おも》うに今日以前、吾人の犠牲と奮闘は、国境の内側に侵入してくる敵寇を排除することにおかれていた。だが、今日以後は、英米ソおよび世界の正気と和平を愛する友邦とともに、共同一致して肩を並べて戦争し、人類の敵を徹底的に消滅させ、そうすることで世界永久の和平をともに打ち立て、五千年の歴史文化と三民主義を掲げて自らと世界を救おうとする我が中華民族が、これより空前の重大なる使命を負うのであり、今後吾人が奮発努力することによって、ただ抗戦を行うことを完全に達成し、我が国土や主権を全て回復するだけでなく、世界の正義の勝利がより早く実現できるのである。

国家、国土を守る戦いから、世界の正義のための戦争への転換ということが比較的明確に指摘されている。また、戦う主体には海外の華僑も含まれると想定していた。そこには、「吾が海外の僑胞は、同じく炎黄の子孫であって、まさにその赤誠を尽くし、その偉力を奮い、各々その所在地において、全ての力量をもって貢献し、友邦を協助し、共同の敵を消滅させ、そこの栄誉となさん」などと記されていた。また翌十一日には、「海外の僑胞に告げる書」が公にされたが、そこでの文脈も十日の「全国軍民に告げる書」に沿ったものだった。

その「全国軍民に告げる書」についてだが、興味深いのは軍人に対する部分である。「吾が全国の将士は、今こそ吾軍人が報いを図る唯一の重要な時であり、また国家民族の存亡の分かれ目に当たる。さらに堪えて忍び、英勇を奮発させることで、満洲事変以来の吾が血肉によって得られた戦果を収穫し、九仞《きゅうじん》の功を一簣《いっき》に虧《か》いて悔しがることがないように、挙国一致、心を一つにして協力し、ただ前進して退かず、そうすることで吾国家が十年間蓄積してきた恥を雪《そそ》ぎ、我々が苦しめられてきた同胞の限りない辱めをやわらげ、内に領土主権を回復して、我が抗戦の目的を達し、外には国際正義を明確に示して、我が中華民族が古より有してきた光栄に浴することを求める」などとした。重要なのは、安内攘外政策が採用された満洲事変から盧溝橋事件までの時期も戦争の時期として含めようとしていることである。

蔣介石は、満洲事変以来の国家の存亡をかけた抗日戦争を継続しつつも、真珠湾攻撃によって、国際正義のために戦争をする新たな段階に入ったことを強調していた。だが、蔣介石は連合国の戦争遂行方法については一定の不満を有していた。それは、「英米蘭は、太平洋において早い段階から共同作戦計画を立てていたのに、終始それを中国には伝えようとはしなかった。そして彼らは中国に日本の力を消耗させることだけを求めている。ただ、今日日本が英米を突然攻撃したことについて、わが国としては不満に思うところはない」などといった日記での表現に表れている。これは英米合同参謀本部に中国が加われないことなど、蔣介石の根深い不信感へと結びついていく。

連合国との共同作戦

このような連合国への不信感があったものの、あるいはあったからこそ、十二月十七日に重慶において米英蘭、そしてソ連との五カ国軍事代表会議（仮称）を招集した。ソ連のスターリンはすでに蔣介石に参戦できないことは伝えていたが、ここではソ連代表も加えられていた。

この会議で想定されていた任務は、（1）極東の各戦区間の連携、（2）戦争の全体状況の研究（西欧、極東）、および各戦区の情報の転送、（3）英米ソ蘭中五カ国の太平洋全体での作戦綱要の策定、（4）英米蘭中による、シンガポール、フィリピン、香港、ビルマ、蘭領東インドの共同防衛に関する具体的計画の迅速な決定などであった。また、交通運輸および通信設備については、中印公路の建設や中ソ間の陸上および航空輸送設備の強化、アメリカからの輸送機の供与と航空運輸線（コルカタ―セティア経由での西昌、昆明線）、各戦区間の通信網の形成などが挙げられていた。

十二月二十一日、アメリカ軍事代表のジョージ・ブレット将軍（George H. Brett）と、イギリス軍事代表でインド軍総司令のアーチボルド・パーシヴァル・ウェーヴェル元帥（Archibald Percival Wavell）が成都を訪れて蔣介石と会い、軍事協力などについて協議した。そこでは蔣介石は次のような問題提起を行った。第一に、中英両国の利益が完全に平等となることを前提として、両国が軍事協力を行い、明確に中国を同盟国の一員とする地位を与えて戦争を行うこと、第二に目下のところ最も危急な戦線がビルマ、マレーシアであることに鑑みれば中国陸軍の貢献が求められることになるが、ここでの中国の支援は、今後のイギリスとの中国への支援とその分量が見合うよう実施すること、などであった。主にビルマ戦線でのイギリスとの共同作戦が想定される中で、あくまでも連合国の一員として、また対等な協力であるという原則を、蔣介石は求めたのであった。

二十三日、アメリカのブレット将軍、イギリスのウェーヴェル元帥、そして中国側から何応欽が参加して、米英中の三国軍事代表会議が開催された。ここでは、中国が陸軍と空軍をもってビルマ戦線を支援して日本軍の侵攻に対抗し、他方で米英が中国に対して物資支援をして中国の抗戦能力を高めることなどを決めた。加えて、この三国軍事代表会議を開催し続け、そこから情報や提案を連合国の最高作戦会議に行い、東アジアの戦略策定の参考にしてもらうことなども定められた。蔣介石は香港とビルマ両地での作戦を支援するとした上で、物資をイギリス側に提供することを認めるなどともしていた。ただ、これは中国に支援されたものをイギリスに貸すという意味にすぎない。翌二十四日、蔣介石は重慶にいるイギリスのカー大使と会い、財政問題解決のためにイギリス政府からの一億ポンドの借款を申し入れている。イギリスは一九四二年二月初頭に五〇〇〇万ポンドの借款供与を武器などの物品によって行うことになった。

十二月二十四日の朝、蔣介石はブレット将軍、ウェーヴェル元帥らと朝食を共にするが、前者には対日戦争において米中が共同の作戦計画を立てるべきだとし、後者に対しては中英両国のどちらかが失敗すると相手側が危なくなるとした。中国が敗れれば、イギリスのインドが危うくなる、ということであった。

十二月二十五日、日本軍が香港を占領する。イギリス軍が予想よりも早く降伏したことについて蔣介石は、「これは西洋が専ら物質ばかりを重くみて道義を軽んじることの現れであり、我が国が道義を重んじて物質を軽視するのとは異なっている」などと述べている。

十二月二十七日、蔣介石の主宰する国防最高委員会が開催される。ここで真珠湾攻撃に伴う対米協調に合わせて外交部長に任命された宋子文がアメリカにいる間は、蔣介石が外交部長の任に当たることなどが決まった。その宋子文は、胡適大使がルーズベルト、チャーチルと会見した際の模様をワシントンから伝えてきている。それによれば、第一に英米首脳会談の結果、軍事会議の組織、また各戦区に軍事指揮部を設けることが決まった。第二に、重慶の軍事会議の後、南太平洋については、中米英蘭豪が協力して保衛することになり、中国からも高官を訪米させて会議に参加し、全体の計画を協議することが望まれていること。第三に、英米は連合国の空軍が中国の基地から日本本土を空爆することを期待しているので、日本の気象情報を得たいと考えていること。第四に、中国軍の武器を補充する問題については、ルーズベルトから今後は援助を大量に増加させるが、貸与の方法は借款方式に限定されない、ということだった。

四大国の一員に

十二月三十日、蔣介石はアメリカのガウス駐華大使と会見して経済問題について協議し、五億ドルの借款貸与を求めた。それに対し、同大使はワシントンと協議するなどと前向きの姿勢を示した。アメリカが明確に五億ドルの借款供与を具体化するのは一九四二年一月末のことである。

また、十二月三十日、ワシントンの胡適大使からの電報で、ハル国務長官から英米中ソの連合国共同宣言文の全文が送られてきて、中国政府に署名を求めているとの知らせが届いた。蔣介石は直ちに宋子文が署名するように指示した。

十二月三十一日、ルーズベルトから蔣介石宛の電報が届く。その電報によれば、南太平洋戦区最高統帥部を作ることから、中国国境内に中国戦区を設定して、同様に最高統帥部を作る計画があるが、蔣介石がその指揮官になり、将来的には中国国境内で活動する連合国軍の責任を負うことを提案してきたのだった。蔣は、これへの返答を一月二日に行い、そこで自分が「中国戦区盟軍（連合国）最高統帥」になることを承諾したのだった。

一九四二年一月一日、蔣介石は内外の軍民、華僑に向けて「書告」を発表する。ここで蔣介石は、日中戦争がすでに世界戦争となり、各友邦とともに肩を並べて戦争しているということを強調した。また、日本が太平洋戦争を発動したので、英米に宣戦しただけでなく、さらに蘭領東インドを侵略し、オーストラリアを威嚇するなどして、中国以外に四カ国以上の敵を作ったとしている。ここで蔣介石が太平洋戦争という語を使用している点も留意を要する。

そして、この日、中英米ソなどの二十六カ国がワシントンでの会議で、一九四一年八月の大西洋憲章を踏まえた、反侵略の共同宣言、いわゆる連合国共同宣言に署名し、枢軸国に対してともに戦うこと、決して敵と単独休戦、講和しないことなどを約したのだった。ここでは英米中ソの四カ国が中心となっていた。蔣介石は、「我が国が世界の四強の一つに列せられたのは、これが最初である」とし、また「ここにおいて、国家の声望と地位は、実に有史以来空前未到の高みに上ったのである」などとしたのだった。

ここで署名に加わった二十六カ国（亡命政府含む）は以下の通りである。アメリカ合衆国、イギリス、ソビエト連邦、中国、オーストラリア、ベルギー、カナダ、コスタリカ、キューバ、チェコスロヴァキア、ドミニカ共和国、エルサルバドル、ギリシア、グアテマラ、ハイチ、ホンジュラス、インド、ルクセンブルク、オランダ、ニュージーランド、ニカラグア、ノルウェー、パナマ、ポーランド、南アフリカ、ユーゴスラヴィア。

アヘン戦争以来、一〇〇年にして中国が「四大国」の一つとして列国のリストよりも前に位置づけられたのであった。これは国際的地位の向上という面では大きな成果であった。また、四大国の一員となった中華民国は不平等条約撤廃、具体的には治外法権撤廃に取り組むこととなる。一九四二年一月十一日に蔣介石は日記に「不平等条約を廃除する時がまさに始まった」などと述べた。

そして、四大国の一員となったことを踏まえて、蔣介石は中国をアジアの代表と自認するようになっていった。一九四二年一月二十五日にタイが英米に宣戦布告すると、二十七日の日記で「タイに対して宣戦する必要があるか、特に検討しなければならない。タイが小国だからと言って無視するわけにはいかない。第一に、我々とタイにいる華僑の関係。第二に、タイ族が我が雲南省、広西省に広く分布していること。もし我々がアジアの敵をわずかに日本（倭寇）一国だけに限定すれば、将来東洋の各民族が団結するとき、重要な意義を持つことになるだろう」などと述べた。蔣介石は二十八日にイギリスのカー大使から、インド、ビルマへの蔣介石の来訪を歓迎すると言われていた。そして、実際に一九四二年二月に「アジア最大の国の領袖」としてインドを訪れ、ネルーやジンナー、そしてガンディーとも会見したのである。インド滞在期間は半月以上にも及んだ。ちょうど、日本軍がシンガポールを陥落させた時期に当たる。

中国軍の「国外派兵」

連合国との共同作戦、そして四大国の一員へと、蔣介石の望んだ日中戦争を世界戦争へとしていく構想はまさに実現しようとしていた。しかし、それは決して順調に進んだわけではない。一九四一年末から四二年初頭にかけて、ビルマのイギリス軍がイギリス政府から重慶政府宛の武器を自らのものにしようとして転送しないという事件が生じ、チャーチルからの命令で漸く重慶に届けられるという事件が発生した。

また戦略の面でも、一九四二年一月十七日に「英米はまずドイツを打ち破ってから、そのあとに日本に対する方略を進めようとしているが、英米にその誤りを徹底的に修正させなければならない」などとしていた。蔣介石にとって、英米などとの協力は、戦争の作戦策定の過程や指揮命令系統などの面で不満の残る問題であった。また、自らがトップにいるはずの中国戦区においても、アメリカの将士たちが蔣介石の指示に忠実に従うとも限らなかった。

連合国の一員として重慶において抗日戦争を行えるようになったことで、いわゆる「援蔣ルート」から支援を受けることが期待されていた。だが、同時に中国が他の連合国を支援するということも想定されていた。特にイギリスが主導するビルマ戦線は中国軍派兵への期待が強くあり、一九四二年になるとビルマ派兵が具体化されることになった。一九四二年三月三日、蔣介石は中国軍のビルマ派遣についての会議を招集した。ビルマ行きが予定されている第五軍の杜聿明軍長、第六軍の甘麗初軍長も参加した。ここで蔣介石は、ビルマに派遣される軍隊の三つの標語として、①敵情の偵察、②民衆の宣慰、③友軍との連絡、をあげるなどした。また、「ビルマの政治党派は大多数が親日だ。日本（日寇）のビルマにおける政治工作はすでに長きにわたっており、だからこそビルマの党派については特に注意を払わねばならず、親日の愛国党（筆者註：タキン党か）をしていかにその観念を変えさせて、我が軍の助けになる様にするのかを研究しなければならない」、また「地方政府に対しては絶対に尊重しなければならず、イギリス側とも密接に連絡をしなければならない。我が軍は、所在地において十日分以上の米、食物や必要とされる食塩を集中させなければならない」ともしていた。蔣介石は、日本軍がなかなかヤンゴン（ラングーン）を攻め落とせていない原因について、中国軍の動向を探っていることや、戦略上、インド進攻前にヤンゴンを占領して、いたずらに戦線を拡大しては、海軍力を分散させることにもつながることを考慮して未だに作戦を決定していないからだ、とも考えていた。日本軍のヤンゴン占領は三月八日のことであった。

三月初旬、蔣介石の下で参謀長となる、アメリカのスティルウェル中将が中国に到着し、米中軍事協力についても改めて確認、協議した。スティルウェルは、すでに中国からビルマへと派遣されていた軍隊の総司令官ともなった。第五軍、第六軍もまたその指揮下に入ったのである。

戦時体制の強化

真珠湾攻撃が日中戦争を世界戦争の一部としたことは確かだろうが、しかし中国大陸における戦局がそれで一気に変わるということもなく、引き続き日本軍による攻撃が継続していた。戦場は武漢から重慶に至る湖北省西部地域、また湖南省の長沙などだった。長沙での日本軍の作戦（第二次長沙作戦）は、日本軍の香港攻撃に合わせて広東方面に南下した中国軍を牽制する意味合いがあったとされる。

このような状況下で重慶国民政府は、英米などと共同作戦を採りながら抗日戦争を継続することになった。そのために、従来以上に動員体制を強化することになった。十二月二十二日、中国国民党第五届中央執行委員会第九次全体会議では、抗日戦争の完全な勝利に向けて、「建国成功案」が提案されて、通過した。だがこれは法令や諸制度を抗日戦争の勝利のために動員、調整して国民総動員を強化するとした、いわば精神的な方向づけをしたものだった。翌二十三日の中国国民党第五届中央執行委員会第九次全体会議第十一次大会では「国民精神総動員強化のための実施綱領」などが通過した。これも精神的なものであったが、「厳粛な戦時生活を実行し、全国総動員を強化する」との文言が盛り込まれ、人々の生活への動員が図られることが一層明確になった。

前述のように、一九四二年一月一日、蔣介石は内外の軍民、華僑に向けて「書告」を発表したが、ここでも「全国の総動員を実行し、人力・物力・地力を発揮し、すべてのものを捧げて、国家の戦闘のために使用する」などと、総動員に向けての意志を示していた。

だが、蔣介石の総動員は物質面というよりも、むしろ精神面に重きが置かれていた。それは一九三九年三月に公布された国民精神総動員綱領、国民精神総動員実施法などに表れている。一九四二年三月十二日、その「国民精神総動員三周年記念」に際して、蔣介石はラジオ放送を通じて軍民に改めて精神総動員の重要性を説いた。そこでは、「一つの堅く強い戦闘体が勝利を獲得する原因は、精神面が九割で、物質の力は一割に過ぎない」などとし、三民主義文化建設運動（民族の独立と建国精神）、国防科学運動、工作競争運動（任務遂行にあたっての切磋琢磨）、節約貯蓄運動の四項目を実施して、精神総動員を物質総動員に結びつけて戦時の国家動員を完成させる、という意気込みを見せた。

一九四二年三月二十九日、重慶国民政府は国家総動員法を公布し、五月五日に施行した。この法律は第一条で「国民政府は戦時、全国の人力、物力を集中して運用するために、また国防力を強化し、抗戦の目的を貫徹するために、国家総動員法を制定する」との立法目的が説明されているが、その通りに抗日戦争を遂行するために国内の資源を総動員するための法律だった。施行前日の五月四日、蔣介石はラジオでこの法律の意義を国民に対して説明した。蔣介石はそこで、「我々の総動員法の頒布と実施は、ただ国策を遂行するということではなく、民意の実現ということでもある。言い換えれば、抗戦の建国綱領の具体化とさらなる法制化ということである。その主旨は、前線における需要を満たし、後方の成果を安定させ、そうすることで持久作戦と最後の勝利という目標を達成するのだ」と述べた。ここで蔣介石があえて「民意の実現」などとしたのには理由があろう。中華民国は、憲政への移行を目前にして抗日戦争に突入した。つまり国民党一党独裁が許されているのは、その時期が「訓政時期」だとされ、憲政に移行する前の状態にあるとされていたからだ。だからこそ国民政府は、憲政に移行することを視野に入れながら抗日戦争を遂行する必要があったのである。

日本の南進成功による動揺

以上のように、蔣介石、重慶国民政府は、日本の対英米宣戦布告によって、連合国の四大国の地位を手に入れ、また国内に対しても戦争が新たな段階に入ったことを示して、より強い動員体制を形成しようとしていた。

一方で、一九四二年三月になると「今後、いたずらに英米の援助を受けて対日勝利を得るなどということは、甚だ可能性の低いことだ」などと書き記すようになった。それはどのような情勢認識によるのだろうか。蔣介石日記の「先週の反省録」にはおよそ以下のようなことが記されている。

ジャワ、バンドン、スラバヤ、ヤンゴンという重要な地点は、今月十日の陸軍記念日よりも前に日本軍により占領されるようだし、またニューギニアはすでに日本軍（敵寇）に上陸されてしまっており、オーストラリアの命運もまた時間の問題に過ぎない。太平洋の戦局はすでに定まり、日本（倭寇）の南進計画は、ここに至ってまさに完成したと言えるのではないか。今後、いたずらに英米の援助を受けて対日勝利を得るなどということは、甚だ可能性の低いことだ。ただ自立自保を求めていくのかということが唯一の道のようである。

　蔣介石にとって、戦争の最終的な目的は、「失地を回復し、かつての領土を回復して、民族の固有の地位を得ること」に置かれていた。

　蔣介石の苛立ちは連合国の制度に向かう。一九四二年二月に設けられた、英米両国による連合参謀本部（Combined Chiefs of Staff）に中国を加えるようにルーズベルトに求めたのもその表れだろう。この問題は蔣介石が長らく英米に求めていくことになるものだった。事態の打開を考えていた蔣介石は、この頃、日ソ開戦に期待を寄せるようにもなる。三月末の「先週の反省録」に、「日ソ漁業協定が一年間延長され、また日本の新旧駐ソ大使も予定されていた期日に帰任、着任した。ここから考えると、日ソ両国の開戦にはまだ一ヶ月を要するだろう。五月の間に開戦ということになるだろうか」などと記している。四月末、蔣介石は日ソ間のやり取りが活発に行われているのではないかと考えていた。特に蔣介石は天皇の動向に注目していた。四月二十九日の日記にも、天皇と東條や東郷とが会っていることを記し、ソ連への対応を話し合っているのだろう、と推測していた。

また、アメリカとの二国間関係、特にアメリカから得られる支援も順調というわけではなかった。アメリカが供与するはずの五億ドルの借款について、使途について合意がない状態で借款を受けると中国が発表したことにモーゲンソー財務長官（Henry Morgenthau, Jr.）が不満を述べたこともその原因の一つだ。中国からすれば、中米はもはや対等なはずだ、というのである。

アメリカの対中認識は、他の各国の中国への心理と異なることはない。実に同盟国同士として平等に待遇しようということもない。連合参謀本部に中国を入れさせないことはもちろん、軍需品の授受にしても、皆中国のことを連合国の付属品のように見ている。それに対してアメリカの対英、対ソ姿勢に至っては、中国に対するのと差は数倍以上だ。わずか五億ドルの借款についても、このように無理難題を押し付けられる。本当によくわからないことである。

このように蔣介石はアメリカに不満を抱いていたが、アメリカの支援なしでは戦争を継続できないのも確かであった。また、アメリカも対日戦争を進める上で中国との協力が必要だった。一九四二年四月十八日、B－25十六機が空母ホーネットを飛び立って東京、横浜、神戸、名古屋などを空襲した。もともと、浙江省西部の衢州《くしゅう》飛行場に帰還すべきところ天候不良で利用できず、乗員は落下傘で脱出した。帰還地点だけでも、中国を「拠点」とした最初の空襲であった。だが、日本への空襲に衢州飛行場が利用されるようになったことで日本軍はそれを攻めるために浙江省東部での活動を活発化させ、五月には主戦場の一つとなった。日本はここで細菌兵器を用いたとも言われる。これは浙江省奉化県に故郷を持ち、母親の墓地などもそこに残している蔣介石にとっては心配の種となった。

アメリカの日本空襲については興味深いことがある。日本の宣伝放送が、アメリカの対日空襲について、最も非人道的で、国際法に反する行為だなどとしていたことに蔣介石が反応し、日本が「我が国の庶民を五年間も空襲してきて、どのように自分のことを理解しているのか」などと記していたことである。蔣介石が日本からの宣伝放送を聞いていたこと（あるいは、その内容について報告した書類を見ていたこと）、またそれへの反発などを日記に記したりしていたことは、戦時下の日中間の「コミュニケーション」として興味深い。

援蒋ルートとビルマ戦線

重慶国民政府は、ビルマに派兵して、日本軍に攻撃されていたイギリス軍の救援を行おうとしていた。だが、一九四二年三月にはビルマ戦線においても、蒋介石は特にイギリスへの不満を露わにしていた。まず、ビルマ方面での指揮権をイギリスが掌握し、それを決して手放さないのと同時に、日本軍に対して有効に抵抗できずに各地を喪失している、と蒋介石が考えていたからだった。四月一日の日記でも、「ビルマ戦線でのイギリス軍は無力だ。だというのに、その指揮権を掌握して、その虚名を保とうとするのは、なんと恥ずかしいことか。我が軍がビルマ戦線で犠牲を払うことは無益なのだが、これもアメリカとの関係を考慮してのことで、最後までやり遂げなければならない」などと述べていた。実際、四月にはビルマでのイギリス軍の責任者であるハロルド・アレキサンダー大将（Harold Alexander）が重慶を訪れ、蒋介石、スティルウェルらと協議し、中国からの支援を取り付けた。蒋介石はビルマに駐留している中国の部隊に命じてイギリス軍の支援に向かわせたのであった。

一九四二年四月二日、ビルマと雲南を結んでいた滇緬《てんめん》公路が封鎖される。それ以前の日本の仏印進駐によって仏領インドシナからの援蔣ルートは断たれていたが、ビルマからのルートまで絶たれたことになる。四月八日、連合軍の飛虎隊（フライングタイガーズ、Flying Tigers）が初めてヒマラヤの「こぶ（Hump）」を越えることに成功した。以後、飛虎隊が封鎖された滇緬公路を通じた輸送の代替えとなることが期待された。

だが、ビルマ戦線では四月十九日に動きが生じる。油田地帯のイェナンジャウンで中国軍が日本軍を撃退し、包囲されていたイギリス軍を救うとともに、油田地帯が日本に占領されるのを防いだのである。しかし、その後、山間部での日本軍の攻勢が続き、四月二十九日、ラシオが攻略された。蔣介石は、「ビルマでの失敗」の原因について分析した。それによれば、作戦方針について中国が自主的にはなれず、情況任せになり、結果としてアメリカに妥協しなければならなくなり、その犠牲も極めて大きくなった、とした。もし、自分の既定方針、すなわち主要戦力をマンダレーの東北の山地に集中させ、敵と決戦し、ビルマ北部を守らんとすれば、今日のような失敗に至ることは決してなかった、とも考えた。日本軍は五月に入ると、中国領の雲南省方面へと進軍し、激戦が始まった。中国軍は一部ビルマ北部に残りながらも、雲南省のビルマ国境地帯の防衛に追われることになった。中国軍が自ら橋を破壊して撤退戦を行ったことで広く知られる恵通橋での戦いが行われたのは五月五日のことであった。

他方、蔣介石は五月十日に行われたチャーチルのラジオ放送演説の内容を聞いて、チャーチルがアメリカやソ連にだけ言及して、ビルマでイギリス軍に対してこれほど多くの犠牲を払った中国に全く言及しないと不快感をあらわにしている。主に対ドイツ戦争についての演説であったので、中国への言及がなかったとも考えられるが、蔣介石が他国の首脳の発言やそこでの中国の取り上げられ方に注意を払っていたことが見て取れるだろう。

その後、六月六日になって顧維鈞大使の電報がロンドンから届き、チャーチルの言葉として、イギリスは中国戦区を重要とみなしており決して軽視していないこと、イギリスとしてはドイツをやぶってから日本を攻撃し戦争が終わるまでそれを続けること、などを伝えてきた。蔣介石のチャーチルへの印象は総じて良くなかったが、一九四三年十一月にカイロ会談で初めて会った時、思ったよりも印象が良かったと日記で述べている。

太平洋戦争発生後半年の「失望」

一九四一年十二月八日に太平洋戦争が始まり、重慶国民政府も翌九日に対日宣戦布告を行なって、その後四大国の一員となるなどし、蔣介石も重慶政府の人々も戦局の大きな転換と、勝利に向けての道が一気に開かれることを期待したであろう。

　しかし、実際はそれほど単純ではなかった。重慶方面への日本軍の空襲は止まず、連合国としての協力の場であったビルマでは苦戦を強いられ、結局日本軍が雲南省に侵入し、他方で中国を拠点としたアメリカ空軍による対日空襲は実行されたものの、逆に基点となった浙江省東部が日本に狙われて、蔣介石の故郷であったその浙江で多くの細菌兵器などが使われたとも言われる。

　五月二十二日、蔣介石はワシントンに駐在している軍事代表団の熊式輝に対して、「中国の五年以来の抗戦の形勢を見れば、現在ほど危険な状態になっているときはなかった」などと述べている。その電報で蔣介石は次のように述べた。


　もし重慶が、再びこの三年間と同様に敵機による残酷な大空襲を受けたなら、また同盟国から相当量の空軍の支援を受け入れ、敵機を制止することができなかったら、全国の軍民の同盟国に対する心理は一層動揺し、中国の抗戦は根本的な失敗に帰するだろう。雲南西部の敵軍は次第に増加しており、抗戦根拠地たる四川省、雲南省において人心は特に不安になっている。総じて言えば、中国の五年以来の抗戦の形勢を見ても、現在ほど危険な状態になっているときはなかった、ということである。

蔣介石の自己認識では、太平洋戦争の勃発後、四大国の一員となって半年弱すぎたこの段階で、一九三七年の日中戦争開始以来最悪の状態にある、ということであった。五月二十三日、ワシントンの軍事会議に参加する熊式輝に対し、その会議で出すべき声明の内容を蔣介石は伝えた。そこでは、次のように述べられている。

中国の「暴日」に対する単独抗戦は、すでに五年となった。太平洋戦争発生以来、半年経とうとしているが、目下、同盟国は極東での戦争に対して、漠然としてそれを脇に置いており、同盟国の共同の課題ではないとみなしているようだ。そして、中国が単独で戦わねばならないという極めて厳しい状況にあるというのに、実質的な緊急援助を行おうとしない。これらは、中国の軍民が同盟国に対して特に失望しているところだ。もし、今後の対日作戦において、具体的で、また実質的な共同計画がないのであれば、極東の軍事に関する根本的な失敗の責任は、中国が負うところではない。

中国はすでに最も重い、また最も危険な責任を尽くしている。

このような発言の背景にはより多くの支援を得ようとする意図があったであろう。だが、それでも蔣介石が連合国から十分な援助を得られず、また戦局がむしろ悪化していることに焦っていることがうかがえるだろう。

だが、このような苛立ちや焦りを国内外への宣伝において示したわけではない。五月三十一日、アメリカ陸軍の要請もあって、蔣介石はアメリカに向けてラジオ放送演説を行った。そこで蔣介石は中国の軍民が多くの犠牲を払いながらも日本と戦っているとし、またそのために必要な武器についてはアメリカが製造している武器の十分の一から二しか得られていないが、それでも十分な効果があること、抗日戦争開始以来の五年間におけるアメリカ軍民の精神的、物質的な中国に対する支援に、中国軍民を代表して感謝すること、などを伝えた。

こうした蔣介石の訴えの結果でもあろうか、六月二日、宋子文とハルとの間で、「中美関於進行抵抗侵略戦争期間適用於互助原則之協定（侵略に抵抗する戦争を進行する期間において適用される互助原則に関する、米中間の協定）」が締結された。これは米中間の戦争協力とアメリカから中国への軍事支援の基本原則を明文化したものであった。

太平洋での日米海戦

一九四二年三月まで、日本の目覚ましい南進が蔣介石にとって大きな圧力となったが、五月になると太平洋での日米海戦が始まった。五月初めには珊瑚海海戦が発生する。五月八日の日記には、蔣介石は日米が南太平洋で海戦を行なったとの報に接し、「日本の航空母艦が一隻沈没し、一隻損害を受け」たとの報や、日本側の報道として「アメリカの航空母艦が二隻、戦艦が一隻撃沈された」といったことがあるが、一体どの報道が正しいのか、などと情報収集、分析に専心していたことがうかがえる。

一九四二年六月五日から七日にかけて、太平洋上でミッドウェー海戦が起き、日本海軍が大きな打撃を受ける。日本では、紆余曲折あって大本営から「空母一隻喪失、一隻大破、巡洋艦一隻大破」、またアメリカの損失が「空母二隻撃沈」と、日本の勝利であるかのように発表された。だが、蔣介石は、日本の海軍がミッドウェー島で攻撃を受けて敗退した、これこそ太平洋海戦の勝敗における最大のカギだ、などと述べ、アメリカの発表をもとにアメリカが日本の空母二隻を撃沈し、空母二隻が大破した、などと日本の損失を見積もっていた。「日本は黙って何も言っていないが、それこそその損害の大きさを知らしめている」などともしていた。蔣介石も、太平洋の海戦では日本が次第に劣勢になってきていることを読み取っていたのだろう。

しかし、ちょうどミッドウェー海戦の行われていた六月七日、浙江省衢州が日本軍の手に落ちようとしていた。ビルマでも戦果が得られず、蔣介石は太平洋戦争開始の半年間で所期の成果を得られないと認識していたと言えるだろう。

2．中国共産党から見た太平洋戦争勃発

中国共産党から日本へのメッセージ

それでは、太平洋戦争の勃発を中国共産党はどのように捉え、その後の戦争の展開をどのように見ていたのだろうか。ここでは、中文出版物服務中心編『中共重要歴史文献資料匯編　軍隊政治工作歴史資料　第六冊【抗日戦争時期(三)】［中国人民会解放軍政治学院政治工作研室・一九八二年一月］』(第二十七輯　現当代中国軍事史料専緝、中文出版物

服務中心、二〇一六年）などに依拠しながら、検討を加えてみたい。

まず、太平洋戦争勃発前の状況を見ておきたい。一九四一年十一月十五日の「中共中央書記処、中央軍事委員会による日本軍民に対する反戦宣伝に関する指示」は、日本に対して中国からの撤退、ファシスト陣営からの撤収を求めている。その文書は「日中戦争は五年を経て日本は何ら戦果がない。もしさらに西進すれば全中国の人民からの猛烈な抵抗にあい、華北、長沙、鄭州の時より大きな損失をおい、一層抜けられない泥沼にはまることになり、日本の前途はもはやどうにもならなくなるだろう」などとして日本軍にこれ以上の侵略を止めるように訴える。そして、南進すれば英米に挟撃され、北進すればソ連と敵対して、ソ連と戦って墳墓に入りつつあるヒトラーと同じ憂き目に遭うとする。そのソ連と戦うことの問題は張高《ママ》峰、ノモンハン事件で日本が味わったことだろうとし、もし今回またソ連とことを構えれば、紅軍が満洲に攻め込み、また東京をも攻撃に晒すことになる、とも指摘している。そして、ソ連は社会主義国家であり、日本とも和平中立条約を締結しているのだから、日本が背信行為をおこなえば、全世界から反対されることになるだろう、という。さらに「そうなれば中国や英米もまた西南の二方面から日本と戦うだろうから、日本は三方を敵に囲まれることになり、このような亡国の戦争は反対しないわけにはいかないのだ」と指摘している。日本に残された道は、「日本の士兵が外国で死なないように、ファシスト戦線を離脱し、ヒトラーに利用されるのを拒絶し、日本軍閥の冒険政策を排除し、中国から撤退し、各国と平和的な関係を築くしかない」というのが中国共産党から日本に発せられたメッセージであった。

中国共産党の太平洋戦争への宣言

一九四一年十二月八日、真珠湾攻撃が行われると、翌九日の「解放日報」には「中国共産党の太平洋戦争への宣言」が掲載された。この史料は比較的よく知られているが、内容を紹介したい。なお、中国共産党はこの時点から太平洋戦争という呼称を用いている。国民党も太平洋戦争という言葉を用いることもあったが、呼称は必ずしも定まっていなかったようだ。この記事は次のように述べる。

太平洋戦争が勃発して以後、全世界のすべての民主国家でファシスト国家の侵略を受け入れるところはなく、また同時に全世界のあらゆる民主国家で立ち上がって抵抗しないところはない。全世界のすべての国家、すべての民族は、侵略戦争を行うファシスト戦線と、解放戦争を行う反ファシスト戦線とに分かれることになるが、それはすでに明確となったのである。

無論、世界には中立国もあるのだが、世界を二分法の下に把握し、ファシスト対反ファシストという対立の構図の下で、自らを反ファシスト民主国家の側に置こうとする姿勢が見て取れる。現在の中国共産党の歴史言説の源流とも言えるだろう。そして、戦争の行く末については、「ファシスト戦線の最終的な失敗と、反ファシスト戦線の最終的な勝利ということはすでに確定している」とし、また「中国と英米およびそのほかの抗日諸友邦が軍事同盟を締結して、全体として一緒に戦争を行い、同時に太平洋のすべての抗日民族統一戦線を打ち立て、抗日戦争を堅持して、完全なる勝利をつかむ」などとしていた。中国共産党は、中国を代表しているわけではないので、実際の外交は行わない。だからこそ、連合国との具体的な調整、交渉を行った国民党、あるいは重慶国民政府とは異なり、ある意味で理想的な内容を述べることができたとも言える。

また、こうも述べる。「中国人民と中国共産党との英米に対する統一戦線は特に重要な意義を有している。一面で、英米との協力の下で『日寇』を消滅させることは中国民族解放の必要条件である。他面で、中国の内部が団結して一つになって、政治軍事を改革し、敵を積極的に牽制、打撃し、積極的に戦略的な反撃を準備するということもまた、英米が『日寇』に戦勝するための重要な条件となっている」。これは、中国と英米との協力が双方にとって日本に勝利する上での必要条件となっているという見解であった。

抗日根拠地への指示

だが、中国共産党側に具体的な英米軍との協力関係があるわけではないし、国民党のように国外に派兵するわけでもない。また、共産党の根拠地からアメリカ空軍による日本への空襲が行われるわけでもない。では共産党は戦争に関してどのような指示を出していたのか。ここではいくつかの事例を紹介してみよう。

一九四一年十二月十七日、中国共産党中央は、「太平洋戦争勃発後の敵の後方の抗日根拠地に対する工作指示」を発した。この指示は戦局の分析から始まる。まず、太平洋戦争の勃発は、中国に有利だとする。太平洋で日本を敵とする国が増え、ドイツもソ連の反撃を受けることになるという。また、太平洋戦争の勃発によって、日本にとっての主戦場は太平洋となり、中国にいる空軍《ママ》や陸軍までもが太平洋に割かれることになるとみなしていた。

そして、その太平洋の戦局については、日本は長きにわたって準備し、また地理的条件も日本に有利なため、「初期」は短期的に日本に有利になると分析している。その結果、滇緬ルートも分断されるとしている。しかし、長期的には日本が勝ち続けることはないとし、だからこそ日本は中国の占領地での統治を固めるし、また抗日根拠地への攻撃を強化する、と見なしていた。中国共産党としては、まずは日本からの攻撃を耐え忍び、将来の大反攻に備えるべきだ、としている。

ここで中国共産党は太平洋戦争が勃発して対日戦争の勝利を確信しつつも、それは短期では実現せず、長期戦になり、そうであるからこそ中国に有利になると分析し、また日本軍が苦戦すればするほど中国の占領地の統治を固めていくと見なしていたことがうかがえる。

中央軍事委員会総政治部の宣伝・工作指示

同日、すなわち一九四一年十二月十七日、中央軍事委員会総政治部は、「太平洋戦争勃発後の敵偽（対日協力政権）および敵の占領地域の人民に対する宣伝と工作に関する指示」を発した。

この文書は、「太平洋戦争の勃発は日本が二つの戦争を戦うことを意味するので、その困難は従来にないほど大きくなり、その地位は一層孤立し、また険悪になる。この新しい戦争は敵国人民や前線の兵士にとっては大きな激震でもあり、また打撃でもある。敵の占領地域の人民にとってはまさに興奮状態に陥るものであり、また偽軍（日本への協力政権の軍隊）、偽組織にとってはまさに多くの顧慮をしなければならなくなることであり、徘徊したり、恐怖におののいたりすることになるだろう」として日本軍や対日協力政権が抱くであろう心理について指摘している。その上で、このような心理状態だからこそ、「太平洋戦争発生後、日本軍の占領地に対する方針は、治安強化を主とするようになり、人民から搾取し、人民の中の反日情緒を一切排除し、同時に偽軍や偽組織を強化し、また統制しようとするだろう」とする。日本側が、太平洋戦争勃発によって動揺し、協力政権やその統治空間の社会統制を強化するだろう、というのである。さらに、「この新しい情況は、我々が敵偽や敵が占領している地域の人民に対して工作を展開するのを助けることになる。我々はこの有利な条件を利用して、我々の敵偽や敵の占領地域の人民への工作を強化しなければならない」とする。

こうした情況を踏まえた具体的な宣伝工作の内容としては、日本の敗北、英米中の必勝を広範に宣伝することとされ、日本の占領区の人々があらゆる人的、物的な負担を日本のために負わないようにし、逆に反ファシスト統一戦線の方に加わるように促していくとされた。興味深いのは、その方法である。すなわち、宣伝に際しては硬い説教などは行わず、各種のメディアを利用して、敵に不利な情報を広範に頒布するが、情報については必ず真実を伝え、捏造は行わないのが良いとしている。さもないと、その情報の価値を押し下げるからだ、という。

そして、日本兵への工作については困難だとしながらも、「新しい戦争が発生してから敵軍の兵役が延長され、物資の供給もまた以前ほどの水準にはならず、古参兵の多くが満洲へと移動させられて減少し、代わって新兵の比率が上がる。加えて北からの脅威が減少することはなく、西南での戦争もまた厳しく彼らに脅威となろう。そのため、彼らの政治情緒は下降していき、悲観的な恐怖感が普遍的に増していくだろう」などとする。果たしてこれが事実となったかどうかは別として、当時の中国共産党が宣伝文書でこのような認識を示していたことは興味深い。この認識をふまえた上で、中国共産党としては、このような日本兵の不安な心理をさらに強めていくとする。方法としては、

「普遍から特殊な対象へ」という方針をとり、新兵と古参兵、知識人と労働者・農民、長期滞在者と新人などをそれぞれ区別して宣伝を行うのが効果的としている。そして、難しいとはしながらも日本兵への働きかけも検討され、宣伝工作を行いながら日本人俘虜を日本側の拠点に送り込んで、日本兵の中国共産党への理解を深めることも検討された。

この文書では、太平洋戦争の勃発によって、偽軍、偽組織内部での動揺が生じるとみなし、中国共産党への「同情分子」が増加し、また風見鶏的な「両面派」もまた中国共産党への態度を積極化させ、そして従来堅く「漢奸」であらんとした者も逡巡するだろうとしている。そして中国共産党としてはこの機会を利用して、訓練された幹部を集め、偽軍、偽組織の中に入り込ませ、彼らの仇日、抗日情緒を高め、彼らと日本人との間の矛盾を拡大させ、将来日本が失敗した時に一気に立ち上がらせる、といった方針を示した。また、このような方針は、偽軍や偽組織との朋友関係を取り消すことを意味しているのではなく、むしろ強化することだとしている。なお、今後日本軍は偽軍、偽組織への管理統制をきっと強化するだろうから、我々と偽軍、偽政権との関係、また偽軍、偽政権の抗日活動については、秘密を保守しなければならない、ともしている。

中国共産党は、この時期にもすでに日本側や汪精衛政権などの協力政権に人員を送り込む具体的な工作を宣伝とともに考えていた。そしてそれは実際に行われたのであり、汪精衛政権の中にも共産党員はいたし、また日本側との「協力」も進められたのだった。

宣伝については、日本が必ず破れるという末路を宣伝しつつも、日本兵に対しては、戦争を行う日本政府に反対させ、戦争の拡大に反対させること、中国人民と講和し、撤兵して帰国させること、などとともに、士官が兵士を罵ったり、殴ったりしてはいけないこと、老兵が新兵を虐待してはいけないこと、秘密裏に脱走することこそ戦争から逃れ、また死ぬのを免れる最高の方法であること、などを伝えるべきだとされていた。他方、対日協力政権の偽軍に対しては、中国人はただ中国兵になれるのであって、出国にも反対し、また日本人に代わって戦うことにも反対すること、日米戦争の勃発によって、日本はもはや中国と抗日軍に対抗する余力がなく、日本軍は消滅の一途を辿ること、などとともに、日本軍と対等の地位を得るべきことなどが挙げられていた。

そして、日本占領地域の中国人民に対しては、抗日軍の攻撃拠点で協力し、失地を回復すること、とともに、警察憲兵を密かに殺し、武器庫を破壊し、交通路を遮断することや、日本兵や偽兵士が抗日軍に来るように宣伝することなどが挙げられていた。そこでは、太平洋戦争発生後に、日本の占領地域とそれに接する地域の人民たちには、「興奮情緒」がうまれ、彼らの抗日面での積極性が回復するので、日本軍が占領地域の住民から搾取するのを利用して、彼らの仇日行動を激化させることが想定されていた。

野戦政治部の指示

一九四一年十二月十八日、中国共産党の野戦政治部は「太平洋戦争に際しての敵偽への工作に関する指示」という文書を作成した。そこでは日本が南進すれば日米戦争が勃発するだろうという予測が現実になったとされ、日本軍や協力政権が動揺している間に宣伝や工作を強化し、人々が日本軍や協力政権の行為に参加、貢献しないように仕向けていくことが企図されていた。これもおよそ、すでに紹介した中央軍事委員会総政治部の文書と軌を一にしている。

また同日、野戦政治部の「新年の、友軍に対する工作ついての指示」も出されている。ここでは、太平洋戦争の勃発以後、世界のファシストと反ファシストの双方が明確に区分されるようになり、それが中国にも反映されて、親日親独派はもはや未来がない状態になったとする。また、これによって国共関係も関係を改善する可能性があり、統一戦線を強化し、国内情勢を好転させられるとし、「友軍」、つまり国民党の軍隊との関係強化が検討されている。具体的には、それぞれの部隊の周辺の友軍との間での交流が想定されていた。その内容としては、年賀のカードを送ったり、新年の挨拶に行ったりすることが挙げられ、そうすることで、従来決して芳しくなかった共産党軍と国民党軍との関係を改善させ、民族団結を重視し、私怨ではなく、寛大な心で交流するように求めている。興味深いのは、国民党側を旧来の礼節に拘泥している集団と位置づけ、友軍の習慣礼節などに注意すべきであり、決して共産党の軍隊内部での習慣を用いないことや、友軍との連絡や年始の挨拶に行く際には、一定の年齢以上の者を選択して派遣しなければならないなどとしている点であろう。

太平洋戦争勃発後に我々が取るべき政策に関する指示

一九四一年十二月二十日、中共中央、また中央軍事委員会は、「太平洋戦争勃発後に我々が取るべき政策に関する指示」を発した。この指示は、「太平洋戦争とは長期的な戦争だ」という言葉から始まる。戦争への見立てはこれまでの文書とほぼ同じで、日本軍はこれから中国に駐留する軍隊を南へと移動させていくだろう、としている。ただ、この文書にはいくつかの興味深い指摘がある。第一に、重慶の政策について、「単に敵を遊撃するだけで、その主力は敵と対峙せずに、敵を去らせようとするもので、共産党としても同じ政策を採用する」としている点だ。国民党や日本の認識では、共産党が遊撃戦法を採用しているという理解はあっても、国民党に対しては必ずしもそうではない。第二に、共産党の根拠地が一九四一年に日本軍の攻勢で大きな打撃を受けたので、太平洋戦争の勃発により、日本は中国で守勢になるから、これこそ失った根拠地を回復する絶好の機会だとしている点だ。これらの観点に基づいて、中共は十二月十三日に一連の指示を出していた。他方、太平洋戦争勃発という情勢の変化によって、国民党も政治的なスタンスを変化させる可能性があるが、その変化は緩慢だと予測しつつも、共産党からは刺激しないとしている。国民党に対しては、「疎通と団結を主とし、その反共防止を輔とする」戦略を挙げている。他方、日本に対しては、「政治攻勢を主とし、遊撃戦争を輔とする」としている。なお、この指示は日ソ開戦の可能性にも言及し、もし日本がソ連と戦争しなければ、上記のような姿勢で日本に臨むが、もし日本がソ連を攻めたり、あるいはソ連が日本を攻めたりしたら、中国共産党はソ連軍と作戦をともにしていく、としている。

八路軍の工作目標

一九四一年十二月二十九日、八路軍の一二九師団は「一九四二年の工作方向に関する命令」を発した。それによれば、日本軍による共産党の根拠地に対する大掃討戦は減少（小掃討戦は頻繁に行われる）という見込みではあるものの、長期戦は覚悟しなければならない、となっている。これは他の文書の内容と同様である。他方、財政経済、また物資資材の供給上の問題は、以前よりも困難になっている、ともしている。これは他の文書に見られない視点だ。ただ、太平洋戦争が自らに有利な条件を提供するとしている点は他の文書と変わらない。具体的方針としては、抗日根拠地を強固にし、敵の占領区の群衆への工作を進める、敵軍、偽軍への工作を強化する、という目標を設定し、それを政軍民が一元的に実施することなどを挙げ、また同時に長期戦に耐えられるだけの準備をしようとしていた。

この文書が指摘している一九四一年の日本軍による共産党根拠地に対する大掃討戦については、一九四一年十二月の朱良才の「晋察冀辺区部隊秋季掃討（掃蕩）に対する政治工作概況」が記している。それによれば、一九四一年秋の日本軍による掃討戦、特に華北で進められた掃討戦では、「新しい組織と戦術指導」が採用され、政治経済、特務活動などが全面的に進められたとある。そして、それは残酷性、複雑性、長期性を有していたが、二ヶ月間の戦いでやっと勝利を収めた、としている。

太平洋戦争の勃発と国民党・共産党

共産党の見立てにあった、太平洋戦争によって日本軍が戦力を太平洋、南方に振り分けるために中国での兵力が減少して好機になる、という見方は国民党と共産党に共通している。だが、好機にはなるものの、中国側が直ちに優勢となるのではなく、この戦争が長期化すること、長期化することによって中国が有利になると見ていた。だが、有利になるとはいっても共産党は、当面のところ、一九四一年の日本軍による大掃討戦の挽回ができる程度だと考えていた。

太平洋戦争の勃発によって、中国が英米と同盟関係になり、連合国の一員となっていくことについては、共産党も批判的でなく、事実として受け入れていた。そうした意味では対英米批判は減退することになる。だが、蔣介石がソ連の参戦を日本軍との対抗関係上、戦略的に期待していたのに対して、中国共産党はソ連が参戦すればソ連と行動をともにする、といったようにソ連との共同、一致を旨としていた。

重慶国民政府は、太平洋戦争勃発後に、対英米交渉やビルマ戦線などでの連合国との具体的な協力をおこなっていた。無論、共産党もまた各方面との交流はあったが、「外交」などの国家間関係は中華民国政府である重慶国民政府がそれを担った。この点は、国民党と共産党との間の大きな相違である。

日本軍や汪精衛政権などの協力政権との戦争や工作について、国民党と共産党との相違点は多い。誤解を恐れずに言えば、重慶国民政府を担う国民党は、日本軍と「戦争」をしていた。それも太平洋戦争勃発以後は、連合国とも共同して「戦争」をしていた。だが、根拠地を防衛し、可能ならそれを拡大しようとする共産党は、ゲリラ戦とともに、日本軍や協力政権の軍隊内部に入り込んでいく工作を、宣伝とともに常に想定していた。共産党は、その実質的な統治空間が小さかったこともあり、宣伝言説と実態との間に常にギャップがあった。そのギャップを埋める役割を、将来目標や戦況予測などの宣伝、そして様々な工作が担ったものと考えられる。

【参考文献】

家近亮子『蔣介石の外交戦略と日中戦争』岩波書店、二〇一二年
石川禎浩『革命とナショナリズム――1925-1945』岩波新書、二〇一〇年
石島紀之・久保亨編『重慶国民政府史の研究』東京大学出版会、二〇〇四年
河原地英武・平野達志訳著、家近亮子・川島真・岩谷将監修『日中戦争と中ソ関係――1937年ソ連外交文書 邦訳・解題・解説』東京大学出版会、二〇一八年
菊池一隆『中国抗日軍事史――1937-1945』有志舎、二〇〇九年
趙新利『日中戦争期における中国共産党の対日プロパガンダ戦術・戦略――日本兵捕虜対応に見る「2分法」の意味』早稲田大学出版部、二〇一一年
馬暁華『幻の新秩序とアジア太平洋――第二次世界大戦期の米中同盟の軋轢』彩流社、二〇〇〇年

Ⅱ　共栄圏の政治・経済

第4章　大東亜会議と「アジアの解放」

波多野澄雄

はじめに

一九四三年一一月初旬、東條内閣は、アジア占領地に樹立された「独立国」の代表を東京に集め大東亜会議を開催した。参集したのは、満洲国国務総理（張景恵）、南京国民政府主席（汪兆銘）、ビルマ国代表（バー・モウ）、フィリピン共和国大統領（ホセ・ラウレル）、タイ国首相代理（ワンワイ・タヤコーン）の五代表であった。オブザーバーとして自由印度仮政府代表（スバス・チャンドラ・ボース）が陪席した。

これらの独立国は、「東亜の解放」の名のもとに、東條内閣が、アジアの占領地域の「自主自立」を認める方向に舵を切るなかで誕生させた国々であった。「独立」とはいっても、戦時であったため、国家の枢要機能は日本がにぎるという「満洲国型」の独立ではあったが、それでも軍政を撤廃し、日本の関与を制限しつつ、大使の交換はもとより、人的交流や経済交流を拡大させていった。

大東亜会議が注目されてきたのは、会議そのものよりも、そこで発表された大東亜共同宣言の内容にある。例えば、入江昭氏は宣言に、一九二〇年代の日米に共有されていた「ウィルソン的国際主義」を支えた諸理念との類似性を認めた（『日米戦争』中央公論社、一九七八年）。また、三輪公忠氏は、宣言の「資源の開放」などの諸原則に、現代の「内発的発展理論」に通ずる価値観や、国際公共財的な考え方の萌芽を認めようとしている（『日本・１９４５年の視点』東京大学出版会、一九八六年）。これらの興味深い議論に発展したのは、共同宣言が当面の戦争遂行や、占領地の指導者の戦争協力を獲得するための単なるプロパガンダではなく、戦争の争点を超え、戦後世界を見通した普遍性の高い諸理念を含んでいたからであった。

この共同宣言は、大東亜会議を盛りたてる宣伝として、にわかに作成されたわけではなかった。その背景には、アジアの占領地住民をどのように処遇するか、という一大テーマが潜んでいた。現地住民を戦争に協力させ、資源供給地としての役割を徹底させるためであれば、占領地を軍の支配と統制のもとにおくことが効果的であった。陸海軍当局は当然、このように考えた。自治の容認や独立の承認は、現地住民の反抗や独立運動を呼び起こし、戦争遂行の妨げになる、と考えたからである。

しかし、外務省はそれとは反対に、むしろ自主自立の容認こそが、住民の戦争協力を促し、さらに戦後世界の「民族自決」という国際的潮流をみすえた場合にも、必要な措置と考えた。大東亜会議と、そこで発表された共同宣言とは、開戦後のアジア諸民族の処遇をめぐって、以上の二つの考え方の葛藤の産物にほかならなかった。

共同宣言を実際にまとめあげたのは、重光葵外相（四三年四月〜四五年四月）とその周辺の外務官僚であった。そこで本章では、重光の戦時外交の軌跡を追うなかで、共同宣言の意義を考えてみよう。

重光葵と「対支新政策」

東條英機首相が、「東亜の解放」が日本の戦争目的であることを議会で宣言したのは、開戦後の一九四二年一月下旬であった。

開戦以前において、アジアに及んだ「西欧近代」の波や「植民地主義」を念頭に、「アジアの解放」や「大東亜共栄圏」の建設を訴える指導者や言論人は少なくなかった。しかし、日本は、公式には西欧の植民地支配の是非を争点として戦争に突入したのではなく、アジア太平洋地域に設定した権益を擁護するという目標、すなわち「自存自衛」のために戦端を開いたのであった。

ところが、開戦直後の第七九帝国議会（四一年一二月召集）において、東條首相は「東亜の解放」が日本の戦争目的であることを議会で宣言したことによって、「東亜解放論」が公式の戦争目的の地位に押し上げられていく。

東條演説がなされたとき、すでにクアラルンプールやマニラは日本軍の掌中にあったが、政府は、開戦前にはほとんど手つかずであった「大東亜建設」のヴィジョンを早急に造り上げる必要に迫られる。そこで、政府は四二年二月、解放後の「大東亜建設」計画を策定するため、東條首相を総裁として大東亜建設審議会を設置した。審議会における中心テーマは、植民地主義や民族自決主義の克服であり、「植民地なき大東亜共栄圏」をいかに作り上げるかにあった。第一次大戦後の「民族自決主義」の国際潮流を踏まえたとき、単なる植民地主義の貫徹は避けねばならなかったからである。

審議会の基本計画（「大東亜建設に関する基礎要件」四二年五月）が示した大東亜共栄圏像は、経済的には、日本が「指導国」として大東亜全般の「計画交易」や「産業統制」を行い、また政治的にも圏内諸国の対外行動の自由や完全な独立はあり得ず、圏外との外交・通商関係は「指導国」の統制のもとにおかれるという姿であった。

それは、日本人の伝統的な家族観や身分秩序の観念に由来する特有の秩序概念を、アジアの国際秩序にも適用したものであった。「家長」である日本の指導にしたがって大東亜各国は政治、経済、文化の秩序を受け入れ、「独立」や「自治」は日本によって与えられるものであって、現地住民の独立要求――ナショナリズムの要求に応えていくという性格のものではなかった。

四二年の秋に、占領地の独立国を束ねる大東亜省構想が「植民省」の設置であり、外交一元化に反し、大東亜外交の消滅であるという批判をあびたとき、東條首相はこれを儒教的な家父長制度になぞらえ、「兄弟国に外交儀礼は不要である」と説明していたが、当時の共栄圏像をよく表わしている。

こうした閉鎖的な共栄圏像に対し異論を唱えていたのが、大東亜省設置案に抵抗した外務省であった。とりわけ、開戦直後の四二年一月に、南京国民政府（汪兆銘政権）の大使となり、その後、東條内閣の外相となる重光葵は、占領地住民の独立や自由は「指導国」によって与えられるものではなく、国家や民族の固有の権利としてとらえていた。そこにこそ、やがて大東亜共同宣言に結実する思想の源がある。

その重光は、日本と中国の関係は戦時であればこそ是正が可能であるとし、「自主独立」と「自由」を容認する方向での「対支新政策」の主唱者となる。重光自身によれば、新政策のねらいは、南京政府の政治的、経済的自立を促すため、「先ず第一に、国民政府に政治上及経済上の自由を与え政治にイニシアティヴを取らしむこと」にあり、それは満洲事変以来の対中政策の大きな転換を意味していた。

具体的には、蒙疆・華北などを対象とした「特殊地帯化」方針の是正、治外法権や租界の撤廃、経済的には「日本の独占」の抑制など、国民政府の「自発性」と「自由」を大幅に容認する方向へと舵を切ったことが画期的であった。

重光によれば、南京政府との間に、真に主権尊重や平等互恵の関係が構築されるならば重慶政権（蔣介石政権）の「抗日名目」は消滅することになり、日中全面和平の基礎が築かれるはずであった。この新政策には天皇が強力な支持者となり、四二年一二月には「大東亜戦争完遂の為の対支処理根本方針」として御前会議決定となる。

新政策の主眼は、一九四〇年に結ばれた、南京国民政府との間の日華基本条約を全面改定し、主権尊重と平等互恵を基調とする新たな条約（日華同盟条約）を締結することにあった。日華基本条約は、一方では善隣友好、主権・領土の相互尊重、平等互恵による経済提携などを規定していたが、他方では、防共を目的とした日本軍の華北、蒙疆地区への駐屯、同地域の資源の日本への優先的提供などを盛り込んでいた。外務省からみると、「主権侵害を意味する形式」が目立った。

日華基本条約の全面改定にまで及んだ「対支新政策」のねらいの一つは、日中が不平等条約の改定を通じて主権尊重と平等互恵の関係を築くことによって重慶政権の「抗日名目」を消滅させ、日中全面和平の基礎を提供することにあった。この「対支新政策」の構想を大東亜に拡大し、各「独立国」との間に同様の関係を築くならば、それが対米英和平の「基礎工作」となるはずであった。

「大東亜機構」構想の行方

四三年四月、東條首相は電撃的な内閣改造によって重光を外相として入閣させ、谷正之外相を駐華大使に任命する。重光の入閣にあたって、東條は、新政策の実行は天皇の意向でもあり、今回の改造は「貴下の入閣を主とするものなり」と説得している。こうして重光は、東條の全面支援、さらに自ら上奏して「飽く迄新政策を徹底遂行すべし」とする天皇の支持を取り付け、新外相として、対支新政策を推し進めることになる。

重光は、まずは日華基本条約の全面改定に精力を注ぐ。その第一の関門は、東條首相の発案で、御前会議決定を前提に立案が進行していた「大東亜政略指導大綱」に日華同盟条約の締結を明記させることであった。

四三年五月に御前会議決定となった「大東亜政略指導大綱」のねらいは、四三年一一月頃と予測されたアジア太平洋における米英の本格的な反攻開始と欧州戦局（独ソ戦争）の変転とに備えるため、アジア占領地住民の政治的結束を固めることにあった。

立案過程における争点は、占領地域の戦争協力を調達するために、占領地の「独立」や「政治参与」を容認する施策を早めることが妥当か否かにあった。

陸海軍（とくに海軍）は、自治容認や独立許容は占領地における資源の確保を妨げ、作戦を阻害する要因となるとして時期尚早論であった。しかし、これを外務省が押し切り、「大東亜政略指導大綱」では、すでに「独立」容認の路線で動いていたビルマ、フィリピンについてはその推進を確認した。さらに、中国（南京国民政府）については日華基本条約の全面改定＝日華同盟条約の締結を決定し、重光は第一関門を突破することになった。

この「大東亜政略指導大綱」には、東條の発案によって大東亜会議の開催が盛り込まれていた。東條の発想は占領地の指導者を東京に参集させて相応の待遇を与えれば、指導者は現地民衆の「心」を掌握でき、対日離反を防ぐことができるというものであった。

重光は、この大東亜会議の構想に賛同していたが、その意図は東條とは大きく異なり、大東亜の「独立国」が相互に対等の立場で「大東亜機構」を結成する第一歩と位置付けられていた。したがって、御前会議決定となった日華同盟条約は単に両国の対等な関係を規定するのみならず、他の大東亜諸国との関係構築の基軸となるべき内容を備えていなければならなかった。

外相就任直前に谷正之外相に提出した文書には、日華同盟条約を基軸として「共栄圏内各国（日・満・華・泰・ビルマ及び比国）」の結合をはかるにふさわしい「大東亜憲章」を戦争目的として唱いあげ、その理念のもとに各国共同の協議機関として「大東亜機構」を創設し、戦時・戦後の協力体制の柱とする、という構想が示されている。「大東亜機構」は「自主独立の国家が平等対等の関係に於て、随時又は定時」に協議する恒常的な機関と位置づけられ、その出発点となる「第一回大東亜会議」は、政治的には独立・平等、経済的には互恵・開放を基調とする「大東亜憲章」を発表する場であった。

重光構想の具体化のため、外務省内では、タイや満洲国との間にも新たな関係を築くための新条約案が検討されていた。たとえば、タイとの新同盟条約案は、開戦とともに締結された日・タイ同盟条約を破棄し、相互に自主独立の尊重と平等互恵の関係を構築するとともに、「大東亜機構」の一員として相互の発展をはかるという骨子であった。さらに、満洲国との間の新条約案は、日満両国政府は大東亜地域における各国の「自主独立を尊重」することを前文でうたい、戦後における日本軍の撤兵、日満協力措置について審議するため、両国政府代表者は大東亜地域の各国政府代表者と定期、随時に会合するという趣旨であった。

重光は外務省内で立案が進むこれらの構想を念頭におきつつ、四三年五月下旬の大本営政府連絡会議の場において、「大東亜会議の際、宣言などではなく大東亜同盟を結成してはどうか」と提案するのである。しかし、この提案は「ビルマ国やフィリピン国を支那、満洲と対等に扱ふことは此の際支那、満洲が満足すまい、同盟は日本と個々に締結するを可とすべし」という意見の前に一蹴される。日満新条約案も戦後の撤兵条項には参謀本部が容認せず、「大東亜機構」の創設についても大東亜省をはじめ主要関係官庁の反対にあって葬られる。

しかし、重光はなおも日本・ビルマ同盟条約案の第二条に「必要ある場合は両国政府代表者は大東亜の関係各国政府代表者と共に所要の協議を行ふべし」との文言を自ら挿入し、「大東亜機構」への含みを持たせた。しかし、大本営政府連絡会議において、大東亜機構は「稍々国際連盟思想を包臓するもの」として一蹴される（参謀本部編『杉山メモ　下』原書房、一九六七年）。

ところで、「大東亜政略指導大綱」は、インドネシアとマラヤ（マレー半島南部を中心とする地域）を「帝国領土」と決定し、当面は軍政を撤廃させる意志のないことを明らかにしていた。インドネシアについては、外務省は四二年三月の大本営政府連絡会議において、ジャワの独立を提議していたが拒絶され、四三年においても同様であった。マラヤについても四三年に初めて外務省内で独立の可能性が検討されたが、省内の研究にとどまった。重光の構想からすれば、これらの地域も相互の独立・平等を基調とする「大東亜機構」の一員としての地位を与えられるべきであったが、軍事戦略上の理由と資源の確保という観点からの反対論を克服することはきわめて困難であった。

こうして「大東亜機構」構想は半ば挫折するものの、重光は、「大東亜憲章」（大東亜共同宣言）の内容を自主独立・平等互恵を基調とする大東亜建設の綱領として意義づける構想を後退させることはなかった。

「戦争目的研究会」における議論

外務省における共同宣言の立案は、重光の指示によって一九四三年八月初旬に省内に設置された「戦争目的研究会」によって着手される。幹事長は安東義良（条約局長）、幹事は門脇季光（政務一課長）、曾禰益（政務二課長）、尾形昭二（調査二課長）、松平康東（条約二課長）、原敢二郎（通商一課長）であった。

第一回幹事会（八月二〇日）には、重光の意見を反映した「安東私案」（「大東亜又は太平洋憲章草案」）が提出される。安東私案は、①他国の干渉、支配、独占、搾取より「大東亜を永久に解放」、②自主独立、領土の尊重、互恵平等、③共同防衛、④「資源の開発及利用を世界に開放」、⑤文化の交流融合、⑥「不脅威・不侵略の原則」のもと「軍備を持して世界平和の維持に協力し一切の国際紛争を平和的に処理せしむ」といった項目が列挙されていた。

「安東私案」の特徴は、大東亜各国から当面の戦争協力を調達するというより、戦後世界をにらんだ大東亜建設の諸原則を明示する点にあった。すなわち、「大東亜各国民をして自発的協力の念を起さしむ」と同時に、「大東亜が何人より見ても客観的に公正妥当なる原則に立ち世界平和維持の一大基礎たり得るもの」として提案されたものである。

そこで共同宣言の立案趣旨は、「従来の指導国理念の極度に強調せられたる共栄圏思想」を如何に抑え、「大東亜各国及び世界にアピールする」かに重点がおかれる。安東は「一の宣言を以て大東亜圏内の外国も国外の外国も共に導かんとする所に苦心ある訳なり」と述べているが、その場合、参照されねばならなかったのは大西洋憲章であった。

これに対し、大東亜宣言の目的は「勝利のための結集」であり、「大西洋憲章式の考へにて之を作る時は後々動きの取れぬことになる心配あり」（松平）といった異論も提出された。しかし、宣言の主たるねらいが「戦後経営」の方策を打ち出し、「大東亜に於て日本の行ふ事は良き事なりとの印象を米英に持たしめ結局米英をして我方に同調せしむる所にある」（尾形）とすれば、連合国の明示的な戦争目的である大西洋憲章の参照は必然であった。

戦争目的研究会における立案作業は、一一月の大東亜共同宣言として結実するまで約二カ月にわたるが、その過程で、重光の戦後構想を左右する重要な争点が浮上している。

第一は、安東の指摘のように、圏内諸国の独立尊重と平等互恵という政治経済原則と、日本の覇権的地位を前提とする共栄圏構想との矛盾であった。戦後構想といえども大東亜各国に対する日本の指導権の否定には、国内的に強い反対論があった。結局、幹事会としては、宣言のなかの「共同」、「協力」あるいは「提携」といった言葉のなかに「指導」の意味が含まれている、といった説明によって切り抜けていった。

たとえば、「日本の指導を経済分野でどう表現するか」という問題について、「安東案」は「互恵協力」と表現していたが、安東は「協力と云ふ所に指導を含ませ居るものなり」と説明していた。重光は、案文作成の最終段階において、日本の圏内指導権を容認するような「協力」「共同」などの言葉を削除し、名実ともに完全な独立と平等互恵を保証しようとするが、最終的な宣言では復活する。

第二は、大東亜会議の運用の問題であった。重光は前述のように、大東亜会議を各国共同の協議機関――「大東亜機構」（あるいは「大東亜連盟」）として制度化を図り、この協議体の理念として「大東亜憲章」を発表するという構想であった。この構想は各省の反対のなかで後退して行くが、幹事会では大東亜会議の運用について、最終的にその可能性が検討される。結局、幹事会は「各国平等の表決《ひょうけつ》を以て決定する等の所謂国際連盟的構成及運用」は避けるという判断に落ち着く。その理由は、指導国としての日本の権威が失われることに対する陸軍などの強い反対が予想されたこと、また圏内諸国が「結託」して日本に立ち向かう危険性も考えられるからであった。

「資源の開放」をめぐって

第三は、「資源の開放」をめぐって、共栄圏内の経済体制を「計画経済」とするか、「自由経済」として想定するか、という問題であった。外務省が研究を委嘱していた国際法学会の宣言案は、資源の開発と利用に関する項目について、一応、「世界に之を開放し、世界各国との間に通商上互恵協力関係を設定して世界経済の発達と繁栄とに貢献せんとす」と述べていたが、最も集約に難航した論点であったと付記されていた。

第一回幹事会では、安東は「資源の開放は大きく唱ふる必要あり」と主張し、曾禰はこれをフォローして「戦後圏内のみを完全なる『アウタルキイ』と云ふことは不可なる旨周知せしめること必要なり。過剰資源は交易することとせざれば日本は別として圏内諸国は追随協力し来たらざるべし」と述べている。

しかし、「資源の開放」が前提とする「自由経済」は、戦後の国際経済体制の見通しにおいて、必ずしも自明の進路ではなく、多くの選択肢の一つにすぎないものであり、むしろ、いくつかの「広域経済論」が優勢であった。その背景には、占領地における国防資源の確保、開発と利用について特恵的待遇を受けるのは当然とする陸海軍や物資動員官庁の強い要請が存在した。その一方、「自由経済」や「自由貿易」の立場から、広域経済論への傾斜に警鐘を鳴らしていたのは石橋湛山らごく少数のエコノミストであった（松尾尊兊編『石橋湛山評論集』岩波書店、一九八四年）。

各省間の協議では、とくに海軍が、占領地において資源を開放することは「将来禍根を残すことになる」として、最後まで「資源の開放」に反対した。大蔵省も海軍の立場を支持していた。インドネシアの重要資源地帯の統治を担当する海軍は、資源確保の観点から大東亜宣言自体に終始批判的であった。

こうして協議は難航するが、宣言案ではかろうじて「資源の開放」が記される。その背景は、戦争の勝敗にかかわらず、戦後には「思い切りて東亜を開放し他国との交易を能ふ限り自由にし、資本技術の導入を促進する」必要がある、という外務省の確かな展望にあった（条約局『昭和一八年度執務報告』）。

和平メッセージとしての大東亜宣言

四三年一〇月時点で、戦争目的研究会は、大東亜会議で発表する共同宣言を二本建とする予定であった。戦後経営や大東亜建設の根本原則を示す共同宣言と、現実の戦争完遂に資する決議（大東亜会議決議案）とは分離する、というものであった。ところが大東亜省や陸海軍は、「戦争完遂と大東亜建設は表裏一体不可分の関係にあり」として、一本建を主張した。

外務省は、「一本建とすることは、戦争終末及戦後処理の上よりして不都合」と主張するが、結局、一本建案は退けられ、建設綱領としての共同宣言の内容とはそぐわない「前文」が大東亜省によって起草され付加される。「前文」には、当面の戦争遂行を重視する「自存自衛」などの文言が挿入される。換言すれば、情報局や大東亜省は重光が力を注いだ大東亜建設五原則が、それまでの戦争目的に変更を迫るものという印象を拭い去ろうとしたのである。

重光や外務省が、大東亜宣言の立案に戦争目的の再定義という意図を託していたとするならば、「前文」を含む最終的な共同宣言案では、その意図とは逆に、戦争目的はかえって不統一・不透明なものとなった。だが、最終的な共同宣言の本文に、「何人より見ても客観的な公正妥当な建設綱領」としての五原則（自主独立、平等互恵、資源開放、文化交流、人種差別撤廃）が盛り込まれたこと、大東亜会議に関する宣伝要綱（菊号宣伝実施要綱）において、「大東亜が世界に対し排他的閉鎖的なるかの如き印象を与えざること」といった留意事項が強調されたことは、外務省の意図は半ば達成されたといえよう。

大東亜宣言の起草に関与した曾禰の戦後の回想によれば、大東亜会議と宣言のねらいは、「日本は決して占領地の領土問題に固執していないのだという、非常にまわりくどいやり方であるけれども和平への一つの誘い」であったという（曾禰益『私のメモアール』日刊工業新聞社、一九七五年）。それは重光の思惑とも軌を一にしていたといってよいであろう。つまり、大東亜宣言に帰結した大東亜新政策には、連合国に対する和平のメッセージとしての期待が込められていたのである。

しかし、大東亜宣言は占領地住民の戦争協力の調達という点においても「笛吹きて踊らずの感」があり、また連合国に対するインパクトという点でも、日本側の焦慮を示すものという以上の反応を呼び起こすことはなかった。

他方、国内的にも大東亜宣言に共鳴する政治勢力を結集させるといった機能を果たし得ず、戦争目的をめぐる議論はかえって混乱を深めるのである。こうしたなかでも、重光は第八五帝国議会（四四年九月）の場などで大東亜解放と大東亜宣言五原則を戦争目的としての地位に置くことを強調するのである。

大東亜宣言が、単に戦時宣伝にとどまらず、同時期に発表されたカイロ宣言を凌駕するような反応を内外から得るためには、少なくとも「大東亜機構」構想の現実化といった具体的な形を示す必要があったといえよう。

しかし、各国平等の協議体を想定した「大東亜機構」構想は否定され（前述）、「大東亜新政策」の具体的な成果であった日本・ビルマ同盟条約（四三年八月）および日本・フィリピン同盟条約（四三年一〇月）も重光や外務省にとって不十分なものに終わった。かろうじて日華同盟条約は、ほぼ外務省の要求を満たしていたものの、経済的に破綻寸前にあった南京政府を助けることにはならず、また重慶政権を和平に誘い込むという効果もなかった。

石橋湛山と清沢洌

ところで、大東亜会議の開催と相前後して連合国側の「外交攻勢」が活発となり、モスクワ外相会談、カイロ会談、テヘラン会談など一連の会談が開催される。とくに蔣介石が参加した英米中・カイロ会談とカイロ宣言（四三年一一月）は、開戦後、連合国側が初めて朝鮮や台湾の処遇に言及した点で日本側にとって重大であった。まず、蔣介石が、台湾、澎湖島の中国返還、一九一四年以来日本が領有した諸島の剝奪、朝鮮の独立など日本の領土処分を明記したカイロ宣言に署名していることは、外務省の戦時調査室の石射猪太郎大使が嘆いたように「全面和平は千里も先に行って了った」（『石射猪太郎日記』中央公論社、一九九三年）ことを物語っていた。

日本政府は、カイロ宣言のねらいには、「対支新政策」や大東亜宣言によって、抗戦の名目を失いつつある蔣政権の連合国陣営からの離反を防ぐ意図があると分析していた。また、「内地化」や「皇民化」の強化を図っていた朝鮮と台湾が連合国によって「独立」や日本からの「剝奪」を保証されることは、日本が最も忌み嫌うところであった。そこで日本政府は、カイロ宣言の公表にあたっては、具体的な領土問題には触れず、「単に抽象的にカイロ会談は日本を第三流国に陥入れしむる趣旨の結論をしたといふ程度の記事」を許すことにした。

その一方、連合国の戦後経営の構想を注視しつつ、大東亜宣言に基づく具体的な機構案の検討を続けていた言論人が石橋湛山と清沢洌《きよし》であった。清沢は、大東亜共同宣言の発表直後には、「これ等が一体、何を日本に与えるのだろう。例によって自慰。困ったものだ」と冷淡であった（一一月七日の日記）。しかし、大東亜会議からまもなくして、清沢は石橋を誘い、青木一男大東亜相に大東亜宣言を基礎とした戦後機構案の作成について政府の取組みを促したが、政府にはその意思がないことに失望する。しかし、両者はさらに具体案の検討を続ける。

四四年一〇月、ダンバートン・オークス会議の結果、国際連合の基礎となる「国際保障機構案」が明らかにされると、清沢と石橋は盛んに「戦後案」の研究を行い、戦後の世界秩序が「地域主義（リージョナリズム）」となるか、「一般的国際主義（ジェネラル・インターナショナリズム）」となるかを議論する。

石橋・清沢によれば、世界平和の保障機構案としてのダンバートン・オークス案は「大西洋憲章を一層詳細な実行案に化せるもの」であり、国際連盟と異なり、米英ソ支仏の五カ国同盟に基礎をおく点で現実的であるとされるが、それは「デモクラシーの原則」に反して常任理事国の構成員の選出は、投票と選挙によるのではなく米英ソ三国にのみ委ねた「強国の支配機構」であるとして批判し、大東亜宣言の諸原則を基礎とする「新世界機構」を考案する必要がある、という。こうした議論を踏まえ、四四年末までに石橋の「戦後機構案」が作成される。それは、政治的議論を避け、経済的機構に的を絞ったもので、案の骨子は「世界を三極に分け、地域理事会と世界理事会との二つにする」というものであった。四五年二月には、それを基礎とした修正案として「世界秩序に関する私案」を発表する。

日本政府はダンバートン・オークス提案を「其の真意は米英が世界を自由にせんとするもの」として一蹴したが、石橋・清沢はそれを手がかりに戦後構想を描き、その理念は自給自足経済を目標とする広域経済圏の構想を排除した、いわば「開かれた地域主義」に連なるものであり、その先見性は特筆に値しよう。

「政治外交」の復権を期して

重光は、大東亜共同宣言を戦争目的として位置づけることに固執していたが、そこには軍部によって定義された戦争目的を政治の手に取り戻す、というもう一つの意味があった。戦争目的が軍部の掌中にあるとき戦争終結の機会を得ることは困難であり、政治の手によってそれを組み替え、それを運用することが必要であった。

確かに、緒戦においては軍部の力が必要であったが、それが過ぎれば「政治外交の時代」への転換をはかる必要があった。その第一の機会は「対支新政策」の実行であり、第二の機会は大東亜会議であった。

重光にとって一連の大東亜「新政策」とその集約点である大東亜宣言は「我外交上の大攻勢」であると同時に、政治・外交の復権のための手段であり、「我国内政治の方向をも決定するもの」であった。重光が大東亜の「独立国」が相互に平等・互恵の立場で「大東亜機構」を組織することを執拗に追求したのはそのことを物語っていよう。「大東亜機構」の構成国が相互に独立平等・互恵の関係を制度化するならば、日本帝国自身の領土的野心や経済的独占への志向を強く抑制し、「軍部万能主義」や「統制イデオロギー」をも牽制する効果を持ち得るのであった。

外交・政治の復権の基礎は「大東亜外交」の復活でなければならなかった。大東亜外交の復活のために、重光は二つの施策を進めようとする。

第一は四四年二月に東條首相に提案した「第二次新政策断行」であり、①ジャワの政治参与の拡大、②大東亜宣言の趣旨を拡大し「仏印（フランス領インドシナ）の民族主義」に応えること、さらに③中国における新政策の断固推進がその内容であった。

まず、①ジャワの政治参与の拡大は、四三年六月の第八二臨時議会において政府は政治参与の措置を発表し、同年八月にはジャワ軍政監部は軍政諮問機関として中央参議院の設置を決定していた。しかし、東條内閣はそれ以上政治参与の拡大を考慮することはなかった。

インドネシアにおいては、ジャワ以外の海軍統治地域の自治や独立容認を試みることはさらに困難であった。海軍は戦争を「民族解放戦争」としてとらえ、自治や独立を強調することは「国防資源の急速戦力化」の妨げとなるとして批判的であり、「自存自衛」に徹すべきとする主張がとくに強かったからである。

他方、②仏印については東條の反応は異なり、「賛成なり。夫れにて進め度し」というものであった。戦争開始以来、仏印はアジアの欧州植民地のなかで唯一の「未解放」地域として残され、その「解放・独立」は政府・軍部内の係争点であり続けていたが、大東亜宣言はそこに一つのインパクトを与えることになったのである。しかし、仏印問題が具体的に動き出すのは小磯内閣においてである。

第二は「大東亜外交」の一元化という課題であり、それは主に③に関連して対支新政策の行き詰まりという切実な問題と結び付いていた。ことに南京政府の統治地域においては、儲備券《ちょびけん》の乱発によるインフレが昂進し、経済は破局的な様相を呈し、七月中旬には、大本営政府連絡会議において儲備券の信用確保のために「対支緊急経済施策」の決定を余儀なくされるほど追い込まれていた。四三年秋となっても事態は好転をみせず、

「対支新政策は此のままで置けば壊滅する現状」にあった。東條内閣末期には「大東亜宣言以来、大東亜に外交若は政治なし、経済関係は行き詰まり、此儘行けば大東亜は日本の手より離れ行くやも知れず」と嘆息させる情勢となる（『機密戦争日誌』七月一四日、錦正社、一九九八年）。

こうした事態に陥ったのは、大東亜外交の不在に主要原因があった。かくして重光は、東條内閣の後半期を通じて大東亜外交の「一元化」を主張して止むことなく、大東亜・外務両相の兼任を条件に小磯内閣に留任する。

第二次新政策――仏印解放

一九四四年七月、小磯内閣に外相兼大東亜相として留任した重光は、「第二次新政策」を実行に移そうと試みる。その一つは、インドネシアにおける「新政策」の具体化であり、もう一つは、仏印の解放・独立であった。仏印はマラヤとともに、最後に残った西欧植民地であった。

主に海軍の統治地域であったインドネシアは、四三年五月の「大東亜政略指導大綱」において基本的に「帝国領土」としての地位におかれ、その地位を離脱させ独立や自治に導くことは至難であったことにはすでに触れた。東條内閣の時代においても、重光のジャワ独立の提言にもかかわらず、政治参加の拡大以上の措置をとることは極めて困難であった。しかし、四四年九月、将来、東印度（オランダ領東インド）の独立を認めるという簡単な「小磯声明」が発表される。独立の時期や形態について具体的な決定は何もなされなかった。基本的には、海軍がその統治地域について、「現状変更に反対」であったことが原因であった。

しかし、もう一つの原因は独立後のインドネシアの扱いについて合意できなかったことであった。大東亜省案は、独立後のインドネシアを日本の保護下におく「連邦組織」とするというものであったが、外務省案は保護関係の設定を前提とした独立ならば、それは「新政策」に反するとして強く反対した。外務省にとっては「独立」は文字通り自主独立でなければならず、日本による保護関係の設定や、日本の指導的地位を容認する形態は受け入れることはできなかった。

一方、仏印解放問題は、対ソ関係に対する配慮がインドネシアより格段に重要であっただけに、重光はその解放・独立に固執する。開戦以来、「静謐保持（現状維持）」で一貫していた日本の対仏印政策について、重光がその変更――武力による解放・独立――

を連絡会議などで強く主張するようになるのは大東亜会議を契機としている。しかし、それが現実的な政策問題となるのは四四年九月の本国フランスにおけるド・ゴールの臨時政府主席就任という情勢変化を待たねばならなかった。

ド・ゴールの臨時政府樹立はヴィシー政権の対日離脱の危機を意味していたからである。重光は、四四年一一月初旬、最高戦争指導会議に大東亜宣言に基づいて、安南（ベトナム中部）の独立準備を急ぐべきであるとする覚書を提出する。しかし、陸軍も趣旨には同意しつつも、迫り来るフィリピン作戦（捷一号作戦）の準備を優先し、仏印に戦力を割く余裕はないとして反対する。

しかし、四四年一二月中旬、フィリピン作戦の失敗が明らかになると、武力による仏印解放の問題が現地と東京の双方の現実的な政策課題として浮上する。

一二月末、最高戦争指導会議は、翌年一月中旬までに仏印処理の決定を行うという重光の提案を了承し、陸軍はその準備に向けて動き出すが、対ソ関係という新たな要素が加わることになる。すなわち、ソ連がフランスとの間に相互援助同盟条約を締結したのである（一二月一〇日）。この仏ソ同盟条約の目標はドイツの再侵略の防止にあることがやがて明らかになるが、仏ソが同盟関係に入った事実は仏印問題の処理について、対ソ関係への配慮が重大な要素となったことを意味していた。

仏印問題の焦点は武力解放後の統治方針であった。重光は武力解放後に軍政を布くことに強く反対した。四五年二月一日の最高戦争指導会議では「独立問題」を取り上げる必要性について二つの点を強調した。第一は、「単に自存自衛のため」に武力を行使し、軍政を布くならば、日本がフランスに代わってインドシナを占領する企図ありとして宣伝され、その結果、対ソ関係に悪影響を与えること、第二は、安南などが独立の意思表示を行い、日本がこれを擁護する態度を示すならば、「我が意図が侵略にあらずして大東亜共同宣言の趣旨に則る」ことを示すことになり、第三国（とくにソ連）より批判を浴びる危険を封ずることができる、というものであった。

他方、陸軍や現地軍は民族独立問題を「第二義」として扱い、処理後は仏印を「軍管理」あるいは軍政のもとに置くことを主張して激しい論戦となる。陸軍は最終的に重光の即時独立論を受け入れる。陸軍の譲歩は、民族独立の意義を認めたからではなく、ソ連に対して仏印処理の「非侵略性」を示すことによって、日ソ関係の悪化を防ぐという配慮が働いたからであった。

他方、大東亜宣言に基づく独立を優先目標としていた重光や外務省は、対ソ関係を利用することによって陸軍の譲歩を獲得したのである。こうして四五年三月、「解放即独立」という前例のない軍事行動が実行に移され、仏印には安南国など三つの独立国が生まれる。

敗戦からまもない一九四六年二月、外務省は仏印の武力解放について次のように総括している（外務省外交資料編修委員会「外交資料・日仏印関係ノ部」）。

軍側においては仏印の軍政的処理を主張したが、「外務、大東亜省側に於ては大東亜戦争終結の見透しよりして結局南方に於ける帝国の地歩を将来に亘り保持し得ざるものとせば、寧ろ仏印住民の民族的要望」を満たすことが必要であり、「且此の方向こそ大東亜宣言の民族自主の精神の具現にして又他方、大西洋憲章、信託統治等の現はれたる連合国殊に米国の国際『デモクラシー』の精神とも一脈の共通点を見出し得べきものなり、との考へより仏印に於て民族独立を主とすべきことを主張」して三国を独立に導いた――。

この総括文書は作成時点から見て、単独占領者としてのアメリカに配慮してかなり脚色したものである。しかし、南方における地歩が失われたとしても、大西洋憲章と共通性を有する大東亜宣言の趣旨が仏印において貫徹されれば、戦争の意味をそこに見いだすことができるという外務省の確信を窺うことができる。

おわりに

東郷茂徳外相時代の一九四五年四月二三日、大東亜大使会議が開催される。「第二次大東亜会議」として重光外相時代に計画されたものであるが、そこで採択された「大東亜大使会議宣言」には、戦争遂行上の拘束から解き放たれ、国際社会がめざすべきあらゆる理想が盛り込まれる。ソ連に対する配慮はみられるものの、戦争目的が「国体護持」や「皇土保衛」に収斂しているとき、重光時代のように国内的意味がそこに託されることはなかった。

しかし、大東亜宣言と大西洋憲章の近似性は、外交上の武器として最後まで執拗に説かれる。

四五年七月、近衛文麿特使のモスクワ派遣が問題となったとき、東郷外相のもとで準備された「対蘇交渉案」は「大西洋憲章の四つの自由及大東亜宣言の趣旨と精神とを再強調す」と述べていた。大西洋憲章と大東亜宣言の「趣旨と精神」の近似性を説くという点は、近衛側近グループ案等に比較して際立った特徴であった。東郷はソ連の好意的斡旋の可能性を執拗に追い求めるが、その可能性が消滅したとき、大西洋憲章が和平の基礎となることに期待をかけるほかはなかった。それが無条件降伏を避け得る唯一の可能性であったからである。

一方、外相を退いていた重光にとっては日本の「改造」（「軍部万能主義」の打破）のためには negotiated peace（交渉による和平）は好ましくなかった。逆に、「完全に無条件に先方の指示を受け入れ『降伏』の実を示すことが、日本を将来に向って生かす所以」と説くのである。

重光は大東亜宣言や大東亜「新政策」を、一面では政治外交を復権させ国内「改造」を実現する手段と位置づけていた。大東亜宣言をもって戦争目的の再定義を託そうとしたのも、その運用を軍部の手から政治の手に回復し、戦争終結の機を得やすくするためであり、「独立国」が対等な立場で構成する「大東亜機構」の創設に固執したのも、日本自体の「軍事主義」や侵略性を抑制する効果を期待したがためであった。しかし、そうした期待が小磯内閣において失われたとき、国内改造をむしろ積極的に無条件降伏に託そうとするのである。

「力を伴はざる主義も理想も国際間には何等効能はない」と記す重光が、敗戦後、東久邇宮内閣の外相に返り咲いたとき、なおも大東亜宣言に執着していたのは、「よしんば戦に破れても戦争目的の理想は何時かは何人の手によって実現せらるる運命にある、勝っても負けても名文《ママ》［分］は立つとの確信」の故でもあった。戦後初の上奏で「対支新政策、大東亜宣言の趣旨は今後益々活用せらるべし」と述べたのも、そうした確信と自負をよく物語っている。

　大東亜共同宣言に関する以上の解釈は、日米戦争ないし日米関係史の観点から見ると、相応の説得力がある。しかし、大東亜会議に参集した指導者たちが、日本占領下の東南アジア世界でどのような立場にあったのか、戦後の独立にどのような役割を果したのか、といった現地の視点で大東亜会議を見ることも可能である。

　たとえば、ビルマ代表のバー・モウは、大東亜会議や共同宣言の精神は、一九五五年の「バンドン会議で再現された精神」（『ビルマの夜明け』太陽出版、一九七三年）と手放しで称賛しているが、そのバー・モウは戦後のビルマ独立を実際に担ったわけではなかった。こうした現地の実情にも目を向けると、日本占領下の東南アジア世界を包摂する「大東亜戦争」の本質とは何か、といった単に日米関係の枠には収まらない興味深い問いが潜んでいることがわかる。

【参考文献】

伊藤隆・渡邊行男編『重光葵手記』中央公論社、一九八六年
伊藤隆・渡邊行男編『続 重光葵手記』中央公論社、一九八八年
入江昭『日米戦争』中央公論社、一九七八年
波多野澄雄『太平洋戦争とアジア外交』東京大学出版会、一九九六年
国立国会図書館所蔵マイクロフィルム（*Japan Ministry of Foreign Affairs, 1868-1945;* WT Series, Reel 52）

第5章　大東亜戦争期の日中和平工作
――繆斌工作を中心として

戸部良一

重慶屈服工作

大東亜戦争中、日本は交戦相手国に対して和平を求めなかった。戦争末期にソ連に和平仲介を求めたことはよく知られているが、ソ連は連合国の一員ではあっても、日本とは中立関係にあり、交戦相手ではなかった。ソ連以外の中立国、たとえばスウェーデン、スイス、ヴァチカンに和平仲介を求めようとする試みもあったが、それらはすべて政府あるいは軍中央の方針として採用されずに終わった。

唯一の例外は中国（重慶政権）との和平の試みである。中国との和平工作は、日中戦争（支那事変）長期化の過程で、すでに何度も試みられており、大東亜戦争の開戦後も、断続的にではあるが、続けられたのである。では、日本はなぜ中国とだけ和平を試みたのか。中国との和平に何を期待したのか。

一九四一年一一月中旬、大本営政府連絡会議で決定された「対米英蘭蔣戦争終末促進ニ関スル腹案」は、大東亜戦争を戦おうとする開戦直前の日本のグランド・ストラテジーと見なすことができる。この方針では、ドイツ・イタリアと協力してイギリスを屈服させるとともに、中国を屈服させることによって、アメリカの継戦意志を失わせ、戦争終結に持ち込むというシナリオが描かれていた。イギリスを屈服させることは日本単独では不可能なので独伊の協力を得なければならないが、中国を屈服させることは日本単独でもできると考えられた。

しかし、戦争初期には、南方の戦略的要地を攻略し、主要交通線を確保して長期不敗の態勢を構築することに作戦の主眼が置かれ、中国を屈服させるための軍事作戦を展開する余裕はなかった。中国を屈服に導くためには当面、政治的・外交的措置をとらなければならなかった。開戦直後に決定された対中工作に関する方針では、まず重慶政権に対する諜報路線を設定してその動向を探り、その動揺を察知した場合に、諜報工作を屈服工作に切り換えることとなった。工作の実行にあたっては、南京の汪兆銘政権を活用するとされた。諜報工作の後に想定された「屈服工作」は和平工作を意味していた。

大東亜戦争の初戦段階で、日本は華々しい勝利をおさめたが、それが重慶政権を対日和平の方向に動かした兆候は見られなかった。重慶は、不利な戦局の展開にもかかわらず、連合国の最終的な勝利を信じており、抗戦意志を失ってはいないと判断された。諜報工作に活用するとされた南京政権でも、蔣介石に対日和平の意志はないと見なされ、諜報路線の設定にすら消極的であった。たとえ重慶に和平の素振りが見えたとしても、それは米英を脅して連合国からの援助を増やそうとするもくろみにすぎないと考えられた。

南方作戦が一段落したころ、ようやく重慶攻略作戦が計画される。一九四二年九月、大本営は支那派遣軍に作戦準備を命じる。重慶政権を屈服させるためには、諜報工作を積極化させるだけでは不十分で、軍事的圧力を強化しなければならないと考えられたからである。しかし、おりからガダルカナルの戦局が悪化し、一二月には重慶作戦中止が決定される。重慶屈服工作を始める機会は見出せなかった。

「対支新政策」

その間、南京では日中関係のあり方について新しい動きが生まれていた。それは南京駐在大使の重光葵が提唱した「対支新政策」である。「対支新政策」の眼目は、日本が南京政権の自主性を尊重して内政に干渉せず対等の関係を築くことにあり、治外法権の撤廃や租界返還など不平等条約の解消も実現すべきであるとされた。

重光は、「対支新政策」が重慶との和平にもつながる、と次のように考えていたという。新政策が実行され成果があがれば、年来の中国の要望を実現したことになる。そうなれば、対日協調の汪兆銘と対日抵抗の蔣介石との間に争う理由はなくなり、日本と重慶が戦う理由もなくなる。さらに、日本の対中政策が米英のそれと本質的に異なるものではないことが理解されるようになれば、米英との和平の道も開かれるだろう。

このような重光の「対支新政策」は、米英との和平の可能性はともかく、重慶との和平につながると考えられた点で、陸軍の同意を得ることができた。戦局が次第に悪化しつつあるなかで、重慶との和平が成立すれば、中国に駐留する兵力を南方戦場に転用することができると期待されたのである。

一九四二年一二月、「対支新政策」の趣旨は御前会議決定となり、翌四三年一月、南京政権が米英に宣戦を布告すると、これに応じて日本は治外法権撤廃と租界返還を表明した。ただし、重慶との和平については、依然として蔣介石に対日和平の意志はないと判断された。

一九四三年五月、大本営政府連絡会議で対重慶政治工作が議論されたときも、否定的な判断は変わらなかった。下手に工作に着手すると、日本の弱みを見せることになるとの警戒が説かれた。このときには従来の「屈服」工作ではなく「政治」工作という文言が使われている。それは、日本が一方的に条件を押し付けて重慶を「屈服」させることが可能な状況ではなくなったことを意味していた。

このときの方針では、「機ヲ見テ」南京政権に対重慶政治工作を行うよう指導することが了解され、その時機としては、敵の反攻を撃破したとき、独ソ戦でドイツの勝利が確実になったとき、「対支新政策」によって重慶に動揺が見られたとき、などが想定された。

その四カ月後の四三年九月、南京政権に対重慶政治工作を開始させるとの方針が決定される。それは日本にとって状況が好転したからではない。むしろ、盟邦イタリアが降伏し、太平洋の戦況も悪化の度を増していた。もはや和平を働きかけると弱みを見せることになる、などと懸念している場合ではない、とされたのである。

和平の場合、日本が重慶に求めるのは主として、中国に駐在する米英軍を武装解除すること、あるいは国外退去させることであり、その交換条件として日本は中国から撤兵すること、駐兵権を放棄すること、日本が排他的特権を得ている特殊地帯を廃止すること、などが考えられた。

その頃、南京政権との新条約締結が議論されており、これと重慶政治工作が微妙に絡まっていた。問題は、南京政権の参戦を契機として、同盟条約を結ぶべきか、それとも一九四〇年に締結した日華基本条約の改定程度にするか、であった。

外相に就任していた重光は、堂々と同盟条約を結ぶべきだと主張した。同盟条約に反映させた日本の「対支新政策」を世界に示し、そのうえで南京政権から重慶に対して和平を提議させるべきである、と重光は論じた。一方、大東亜相の青木一男は、同盟条約を結べば、連合国の一員である重慶との和平に支障が出ると論じ、基本条約の改定程度にとどめるべきだと主張した。結局、問題は同盟条約の締結（四三年一〇月）で決着が図られた。

青木大東亜相は、重慶工作を優先させようとしたが、実際には、重慶工作の見通しは依然として暗かった。戦況が好転すれば、条件によっては重慶が和平に応じる可能性が、わずかながら出てくるかもしれないと観測されたにすぎない。日本は、対中和平によって兵力を中国の戦場から南方に転用し、戦況を好転させようとした。だが、戦況が好転しない限り、対中和平の可能性はきわめて低かったのである。

南京政権の重慶工作

重慶に対する和平工作をどこが担当するかも問題であった。これについては、開戦前、一九四〇年一一月の御前会議決定で、政府が和平工作を担当し、関係機関は政府に協力する、と定められていた。それまで、軍や民間人が行ってきた和平工作は、事態を混乱させ重慶側の謀略に引っかかる危険性もあるとして、一切中止された。それが上述の四三年九月の決定により、政府の指導のもとで南京政権に実行させることとなったわけである。また、日華同盟条約をめぐる対立のためか、重慶工作の指導は、外相や大東亜相ではなく、当面、首相が行うこととされた。

こうして南京政権による重慶工作に対して期待が寄せられたのだが、実績はあがらなかった。その一例として、南京政権の主席汪兆銘が関わった工作がある。汪は情報収集のため部下をマカオに派遣していたが、そこで重慶側の軍閥、李済深の参謀長馮祝万との接触に成功する。やがて四三年九月、南京政権側から外交部長の褚民誼と汪夫人の陳璧君がマカオに赴き、重慶側の連絡者として香港から来た盧慕貞（孫文の息子・孫科の母）と和平に関する協議を行った。盧は和平の意図を表明する孫科の電文を見せ、重慶から代表が派遣されると語ったが、その後この工作は何ら進展を示さなかった。南京政権の実力者、財政部長の周仏海によれば、重慶側の課報機関・軍統（国民政府軍事委員会調査統計局）のボス戴笠が、孫科の暗号電報を使って、馮に日本側の和平条件を探るよう命じていたのだとされている。

周仏海も独自に、あるいは日本側の指導を受けながら、重慶との接触を試みていた。周が重慶との接触に用いていた人物には、軍統や中統（国民党中央執行委員会調査統計局）など諜報機関のエージェントが少なくなかった。和平工作のために諜報ルートが使われるケースは異例ではなかったのである。ただし、周仏海など南京政府要人と重慶との間に多数の連絡チャネルが開かれても、その大半は情報収集にとどまり、和平工作と言えるほどの段階には発展しなかった。

その後、戦局は悪化の一途をたどった。ヨーロッパでは一九四四年六月、連合軍がノルマンディー上陸に成功し、ついに第二戦線が開かれた。東部戦線でもドイツ軍の後退が続いた。アジアではビルマのインパール作戦が失敗し、太平洋では日本の委任統治領のサイパンが陥落した。同年七月東条内閣は総辞職し、小磯内閣が登場する。

首相の小磯国昭は、連合国との和平のために、軍事面で敵に一撃を与えて連合国に妥協による和平を促そうとし、その仲介役をソ連と中国に求めようとした。そのためにはソ連との中立関係を維持し、中国との和平を実現しなければならなかった。しかし、ソ連の態度は消極的で、日本の働きかけに応じようとはしなかった。対ソ工作が進展しなかったために、小磯首相が中国との和平にかける期待はさらに高まった。

小磯内閣は従来の大本営政府連絡会議に代えて最高戦争指導会議を設置し、この会議で重慶工作の基本方針を決めてゆく。同年八月末、最高戦争指導会議は、重慶工作の進め方についての従来の方針を確認した。工作は首相が外相と連絡しつつ、自発的形式をとって南京政権に実施させ、それ以外の工作はすべて禁止する、と決定されたのである。それから数日後の九月初旬、最高戦争指導会議は以下のような和平条件を決定する。①和平成立後は中国の好意的中立で満足する。②蔣介石が南京に帰還し統一政府を樹立することを認める。③日華同盟条約を廃棄する。④米英軍が中国から撤兵すれば日本軍も完全に撤兵する。⑤満洲国は現状を変更しない。⑥香港は中国に譲渡し、南方〔東南アジア〕で日本が獲得した権益を中国にも提供する。

このような和平条件は、従来のものと比べれば、かなり穏当になったと言うべきだろう。和平成立後の中国に、日本とともに米英と戦うことを求めてはいない。蔣介石が、事実上南京政権を吸収して統一政府をつくることを認めている。満洲国については頑なだが、香港譲渡という連合国側では言い出せない条件を提示している。だが、重慶がこの条件に関心を持つことはなかっただろう。前年一二月にカイロ宣言が発表され、満洲国のみならず台湾の返還や朝鮮の独立などが約束されていたからである。

昭和天皇は、この和平条件に不満だったように見受けられる。不満は、蔣介石による南京帰還・統一政府樹立と、締結したばかりの日華同盟条約の廃棄を認めた点にあった。これでは、南京政権および汪兆銘個人に対する背信行為になる、と考えられたのである。

他方、重慶工作を実施すべき南京政権側にも熱意はあまり認められなかった。九月中旬、南京政権最高軍事顧問から陸軍次官に転じたばかりの柴山兼四郎が、転任の挨拶を名目として南京に赴き、汪政権要人に対して和平条件を伏せながら重慶工作の実施を要請したとき、彼らの反応は消極的であった。

そもそも蔣介石に対日抗戦をやめる理由があるのかが問題であった。当時の分析によれば、日本が完敗した場合、蔣介石は、米英の対中圧力が強まることを懸念している、との観測がある一方で、重慶の抗戦意識に変化は見られず依然として強硬である、との見方もあった。繆斌《みょうひん》工作は、こうした状況のなかで浮上してくるのである。

繆斌工作の発端

繆斌工作の発端は、一九四四年七月、上海に住んでいた元朝日新聞記者の田村真作が一時帰国し、小磯内閣に情報局総裁として入閣していた元上司の緒方竹虎に、繆斌を通じるルートが重慶工作として有望であることを伝え、その推進を訴えたことにある。

繆斌は一九〇三年江蘇省無錫の生まれ、上海の南洋公学（現在の交通大学）電気科を卒業、革命運動に身を投じ、黄埔軍官学校の電気無線科の教官を務めた。北伐時には国民革命軍第一軍の国民党副代表、のち国民政府軍事委員会経理処長となった。一九二七年国民党中央執行委員に選ばれ、江蘇省の民政庁長となったが、汚職の嫌疑をかけられ失脚した。

その後、繆斌はアメリカに留学して農業を学び、一九三六年に来日して日本研究に従事したという。日中戦争が始まり、北京に中華民国臨時政府が成立すると、新民会の中央指導部長に就任した。新民会とは国民党の三民主義に対抗する新民主義の宣伝・実施のために組織された民間団体であったが、繆斌は現地軍の方針と合わず、華北を去った。南京に汪兆銘政権が樹立されると、その立法院副院長に就任した。その間、石原莞爾の唱える東亜連盟論に共鳴し、東亜連盟中国総会の文教部長として活動した。田村と知り合ったのは、この東亜連盟運動を通じてである。大東亜戦争で日本の敗色が濃くなったころ、無線で重慶との連絡を試みたが、それが発覚して考試院副院長に左遷され、上海に居住していた。

緒方は一九四三年夏、南方視察の途中、上海で繆斌と会談したことがあり、田村の訴えに理解を示した。緒方は、繆斌の渡日を要請する手紙と、繆斌の渡日に便宜を依頼する支那派遣軍総参謀長の松井太久郎（中将）宛の手紙を書き、田村は二通の手紙を持って四四年八月中旬上海に戻った。だが、現地軍はまったく動かず、東京にも動きが見られなかったので、田村は九月に、もう一度帰国して再度、緒方に訴えたが、陸軍の反対のため動きがとれないという回答を得ただけであった。緒方は東久邇宮稔彦王（陸軍大将、防衛総司令官）と重慶工作について話し合い、田村も東久邇宮に協力を要請して、一一月中旬上海に戻った。

一方、小磯は九月頃に緒方から繆斌の和平チャネルに関する報告を受けた。小磯は緒方から、繆斌が書いた日中和平論を渡され、それを最高戦争指導会議の席で紹介したが、誰も興味を示さなかったという。なお、小磯は一九三九年、拓相であったときに、事務次官の田中武雄の紹介により来日中の繆斌と会っている。その前に田中は新民会で繆斌と同僚であった。その後、田中は小磯が朝鮮総督になると政務総監に就任し、小磯内閣では書記官長（現在の官房長官）となっていた。

緒方から報告を受ける以前、実は小磯自身も、重慶工作のための布石を打ちつつあった。たとえば、陸軍士官学校同期で「支那通」として華南で活動した経験を持つ山県初男（予備大佐）は八月下旬、小磯の了解のもとに中国に渡り、天津、北京、上海等を訪れて一〇月中旬に帰国、視察の結果を小磯に報告している。また、小磯は宇垣一成に中国大使就任を求めたが、宇垣はこれを断りながらも中国を視察することになった。坂西利八郎（予備陸軍中将）、渡辺渡（陸軍少将）、美土路昌一（朝日新聞常務）らを同行した宇垣は、九月下旬から約一カ月、中国を視察し、その間、上海で繆斌にも会っている。帰国後に宇垣は小磯、重光、杉山元（陸相）に、重慶工作にはまだ可能性があると報告したが、渡辺は報告書の中で、南京政権の解消が必要だと主張した。

重光によれば、このとき小磯は、中国駐屯日本軍の総司令官のような権限を兼ねた中国大使に宇垣を起用しようとしたという。実は宇垣自身が、重慶工作を進めるためには、有力者を現地に派遣して外交権も軍隊の指揮権も持たせるべきだ、と主張したので、小磯は宇垣がその気になったと考えたのだろう。しかし、重光や矢崎勘十（南京政権最高軍事顧問）の反対があり、小磯のアイデアはそこでストップした。

山県が帰国し宇垣も帰国したのと前後して、繆斌の上司、考試院長の江亢虎が来日した。小磯や重光と会見した江は、重慶工作について次のように述べた。重慶工作には南京政権首脳だけが従事し、それ以外の者の関与は禁じられている。しかし、政権首脳は重慶との和平に熱意がない。彼らの対重慶ルートはどれも役に立たないが、繆斌のルートは有望である。和平を実現するには、南京政権要人がすべて身を引き、政権を重慶に譲らなければならない、と。

一方、一〇月二五日の最高戦争指導会議では、田中書記官長が、南京政権に重慶工作の熱意がないので、ほかに有望な工作ルートがあれば、それを南京政権の了解を得て推進すべきではないかと提案した。これに対して重光外相は、南京政権に熱意がないというが、日本が熱意を持たせないようにしてきたことにも理由があると反駁し、混乱を避け相手に弱みを見せないためにも、従来どおりの方針で進むべきだと論じた。田中は小磯の意を受けて提案したのだろうが、その提案は受け入れられなかった。

一一月一〇日、名古屋帝大の病院に入院していた汪兆銘がついに死去する。小磯は、南京政権に対する信義という大義名分の重みが軽減されたと感じたためか、重慶工作に対する南京政権の熱意の乏しさを繰り返し批判するようになる。支那派遣軍総参謀副長の今井武夫（少将、中国大使館付武官を兼任）は政府が繆斌ルートを重視していることを耳にし、谷正之大使の帰朝に随行して、一二月一〇日、小磯に対して繆斌が信頼できないことを説いた。しかし、小磯は、対中和平の原則論に固執し、耳をかさなかったという。

一二月一三日、小磯は最高戦争指導会議で、汪の死後、南京政権の権威は失墜しつつあるので、これまでの対中政策を根本的に見直さなければならないと論じた。さらに小磯は、中国を統一政府によって統治するのは無理だという持論を展開し、議論を混乱させてしまった。小磯に同調したのは田中書記官長だけであった。田中は、南京政権が重慶工作に不熱心ならば、南京政権の工作以外は一切禁止するという従来の方針を考え直すべきだと主張した。これに対して重光は、南京政権が無力なのは事実だが、日本はこの政権を正統政権として承認しており、この政権を通じて対中政策を運用することこそ大義名分に合致すると論じた。重光によれば、重慶工作というのは、単に相手と接触することではなく、中国を救うのは日本との全面和平だということを蔣介石に悟らせる政策（「対支新政策」）の運用に最大のポイントがあるとされた。さらに重光は、南京政権以外に重慶工作をさせれば統制がとれず混乱するばかりだ、と述べた。

会議の他のメンバーは重光の議論に同調した。結局、南京政権以外にも重慶工作を実施させる、という小磯の提案は退けられたのである。しかし、彼はあきらめなかった。その頃、軍需相の藤原銀次郎が病気のため辞任を申し出ており、小磯はそれを機会に内閣改造を図ろうとした。それは軍需相の交替だけではなく、小磯の軍人時代からの盟友であった二宮治重文相を大東亜相に横すべりさせ、文相の後任には田中書記官長をあてるという構想だったが、その眼目が大東亜相の交替にあったことは言うまでもない。それまで大東亜相は重光外相の兼任だったから、二宮を専任の大東亜相とするということは、重光はずし、少なくとも重光の影響力低下をねらったものであることは疑いない。だが結局、外交の一元化を強調し辞任の覚悟を示した重光の抵抗にあい、このときの改造は軍需相の交替だけに終わった。

繆斌工作の展開と挫折

一二月下旬、小磯は山県に対し、もう一度上海に行って繆斌ルートの可能性を探ることを依頼した。山県は柴山陸軍次官に飛行機の便を要請し、翌一九四五年一月中旬上海に飛んだ。上海に三週間ほど滞在した山県は、繆斌のルートが最も確実であることを確認し、田村真作や相内重太郎らの協力を得て、繆斌と「中日全面和平案」なるものを作成した。帰国の際には陸軍の協力を得られなかったので、大使館の便宜供与を受けて飛行機に乗り、二月九日博多に着陸した。そこから汽車で東京に向かい小磯に報告した。

なお、小磯は、繆斌ルートの信頼性を確認するために、別の重慶工作ルートを探るべく江藤大吉（元満鉄社員）を華北に派遣したとされる。江藤は、陸軍に監禁されていたアメリカ人の燕京大学長のレイトン・ステュアート（戦後、中国大使）を起用すべきことを小磯に進言したと東久邇宮に語っている。かつてステュアートは日米開戦前、北京と重慶を往復して日中和平のために活動していた。

繆斌と山県が作成した「中日全面和平案」は、次のような内容であった。①南京政権を即時解消する。②重慶が認める人物によって南京に留守府政権を組織する。③留守府は、重慶政権に南京帰還を要請し、日本に停戦と撤兵を求め、米英に和平を呼びかける。山県の報告を受けて、小磯は繆斌を東京に呼ぶことを決断した。小磯によれば、二月末、情報収集のために繆斌を東京に招致することについて重光に了解を求めると、重光は陸海両相が同意するならば同意すると答えたという。米内光政海相に意見を求めると、陸相が同意するならばよいという返事であった。杉山陸相は即座に同意したとされている。

かくして小磯は繆斌の東京招致を実行に移し、飛行機の手配等を杉山に依頼した。繆斌の和平案は上海の田村から太田照彦（朝日新聞）を介して東久邇宮に伝えられ、繆斌招致に関しても緒方が東久邇宮と話し合った。一方、上海の繆斌は、東京から直接、重慶と連絡を取るため、無線通信士や暗号士等を含む一行七人の渡日を望んだが、現地軍は繆斌一人しか認めなかった。三月一六日午後、繆斌は一人、相内に付き添われて日本に到着、夜には緒方と会談した。一八日に繆斌は東久邇宮と会談し、その夜、緒方とともに小磯と協議した。

二〇日、内閣から突然、重慶工作について翌日に最高戦争指導会議を開きたいとの提案があった。参謀本部では、繆斌関係のことが協議されるに違いないと予想し、繆斌の和平構想の核心は南京政権「抹殺」と即時無条件撤兵にあり、陸軍としてはこんな工作は相手にしない方針だとされた。翌二一日午前一〇時、最高戦争指導会議が開かれ、特例として同会議の構成員ではない緒方が出席した。まず小磯は、これまでの繆斌工作の経緯を説明し、繆斌のルートが重慶の戴笠に通じていることを指摘した。会議で配布され小磯と緒方が説明した「中日全面和平実行案」は上述した繆斌・山県案とほぼ同じ趣旨であったが、この会議が南京政権解消と停戦撤兵の主要二項目を認めるならば、重慶との本格的な交渉に入る、という点が付け加えられていた。

ところが、会議ではこの案の審議に入る前に、繆斌工作そのものに対して厳しい非難が加えられたのである。まず杉山陸相は、繆斌は「重慶の廻し者」と考えられ、どんな資格で来日したのか、その点を明らかにしなければ彼を相手にすることはできないと述べた。次いで重光外相も繆斌を重慶の廻し者であるとし、いかに彼が信用できないかを示すため、谷大使の電報を紹介した。さらに重光は、重慶工作は南京政権が実施し、その他の工作は一切禁止されているはずだ、と繆斌工作が手続きの面でも最高戦争指導会議決定に反していると批判した。

小磯は、繆斌の招致は情報収集が目的であり、情報収集ならば最高戦争指導会議決定には反しないと弁解したが、米内海相は、たとえ情報収集であっても、素性がよく分からない人物と一国の首相が重要な会談をするのはいかがなものかと述べた。梅津美治郎参謀総長も小磯批判に同調し、日本の一方的な撤兵はアメリカ軍を中国に引き込むことになるとの危険性を指摘した。

こうして本格的な内容審議に入る前に批判を受けた小磯は所用のためと称して退席し、会議は四〇分ほどで終了した。終了後、陸海外の三相は、本件はあまりに無謀であるので、これを審議継続とする必要はない、ということに意見が一致した。またしても、小磯の提案は受け入れられなかった。

その後、繆斌工作については緒方が東久邇宮に相談し、この問題をめぐる動きは東久邇宮が中心となる。『東久邇日記』によれば、三月二四日、東久邇宮は梅津参謀総長に対し繆斌工作の推進を力説し、梅津はこれに賛成して最高戦争指導会議に提案することを承諾したという。翌二五日、東久邇宮は杉山陸相にも同じことを論じ、杉山は繆斌工作に賛成して協力を約したとされている。記述は、戦後に同日記が刊行された際に書き加えられたもので、梅津や杉山はむしろ東久邇宮に工作断念を説得しにきたのではないかという（伊藤之雄『東久邇宮の太平洋戦争と戦後』ミネルヴァ書房、二〇二一年）。

一方、小磯は三月二四日参内して内閣総辞職か大改造のつもりであることを上奏した。

二六日にも天皇に対して同じことを述べ、天皇は小磯の説明に矛盾を感じた。この日、重光も参内し、重慶工作について天皇に報告した。四月一日、小磯は東久邇宮を訪問し、繆斌の件と自分の現役復帰を天皇に訴える覚悟を語った。小磯は三月に天皇の特旨によって大本営会議への出席を認められていたが、それでも十分に戦争指導を行うことができないとして、現役に復帰して陸相を兼任しようとしていたのである。

その翌日、二日の夕刻、小磯は天皇に対し繆斌工作の推進を訴えた。天皇が深入りしないよう諭すと、小磯は「いかにも惜しい」という言葉を天皇に返した。小磯に言葉を返されたことを遺憾とする天皇は、翌三日、どうすべきかを木戸に下問し、木戸は関係大臣の意見を直接、確認するよう奉答した。そして天皇に呼ばれた陸相、海相、外相は、それぞれいずれも繆斌工作には反対であることを奏上した。四日午前、天皇は小磯を呼び、陸海外三相の意見を聞いたが、三相とも繆斌工作には反対であることを確認したので、速やかに繆斌を帰国させるよう話した。その日午後、小磯は総辞職に決し、翌五日、全閣僚の辞表を捧呈した。繆斌は東久邇宮の計らいでしばらく留まった後、四月二五日上海に戻った。

繆斌工作の評価

これまで述べてきたように、繆斌工作は日本の指導者たちの間に深い亀裂を生んだ。天皇が、繆斌を帰国させよと命令口調の言葉を使ったのも、稀有の例と言ってよい。いったい繆斌工作のどこをめぐって、これほどの対立が生まれたのか。

まず、最高戦争指導会議で決められた工作の手続きの問題がある。重慶工作は、首相が外相等と連絡のうえで指導し、南京政権が自主的に行うという形式をとり、それ以外の工作は一切禁止されていた。重光は、南京政権が介在していない繆斌工作は、これに反していると批判したわけである。

小磯の回想録によれば、重慶側から直接、日本首脳に対して和平の申し入れがあった場合は、その申し入れを受けた者が適宜折衝を始めてもよい、との了解を最高戦争指導会議に求め、その了解に基づいて繆斌工作を進めたのだとされているが、そのような了解ないし申し合わせが成立したという記録はない。小磯や田中書記官長が、南京政権は重慶工作に不熱心であることを批判し、南京政権の工作以外は一切禁止するという方針を考え直すべきだと主張したことは事実だが、その主張が通り合意が成立したわけではない。事実、小磯は三月下旬の最高戦争指導会議での弁明で、繆斌招致は情報収集のためだと苦しい言い訳を述べたにすぎない。他方、陸海外三相が、小磯から繆斌招致を打診されたとき、それに明確に反対しなかったことも問題ではあった。

　こうした手続き論に基づく反対は、後述するように、南京政権に対する信義の問題とも関連していた。南京政権を介在させずに重慶工作を行うことは、その存在を軽んじ信義に悖《もと》ると見なされたのだろう。それに加えて、小磯に対する不信も関わっていたと考えられる。小磯が重光の大東亜相兼任をはずそうとしたことは、外相の首相に対する不信を強める結果をもたらした。中国は統一政府によって統治されるべきではないという小磯の持論は、重光にとって軽蔑の対象でしかなかった。

　次に、繆斌の信頼性の問題がある。繆斌が汚職の嫌疑をかけられた経歴を持っていたことに加えて、日中戦争中に華北の臨時政府を支える新民会の幹部から南京政権の立法院副院長に転じたことについても、批判の目が向けられた。繆斌から汪兆銘への紹介を請われた今井武夫は、三民主義を否定する新民会から、三民主義を奉じる汪兆銘に乗り換えることは矛盾するのではないか、と指摘したが、繆斌は恬《てん》として恥じるところがなかったという。

　その後、今井が支那派遣軍総参謀副長に就任すると、繆斌は、和平のために重慶と連絡していた無電台を日本の憲兵隊によって封印されてしまったので、その使用再開を許可してほしいと陳情した。今井はこれを認めて使用を許可し、無電台の使用状況を監視したが、物資売買の情報交換をしているだけで、重慶と連絡している形跡はなかったという。今井が谷大使に同行帰朝して、繆斌が信頼できないことを小磯に警告したのは、こうした背景があったからであった。重光外相も、現地の外交官からの報告により、繆斌の人格に疑いを持っていた。繆斌を強く推した田村や山県も不信感を持たれていたようである。

他方、繆斌工作に関与した人々は、繆斌の人格に大きな信頼を寄せていたのである。田村真作は、石原莞爾と繆斌を「偉大なる東亜の先覚」と評しているが、東亜連盟運動に従事していた田村にすれば、当然の評価かもしれない。戦後四五年ほど経って、繆斌の遺徳を偲ぶ人々は「和平神繆斌」の顕彰碑を建立した。緒方も小磯も繆斌の人格を疑ってはいない。東久邇宮は繆斌について、術策を弄する謀略型の人物ではなかったと述べている。

おそらく繆斌の人格をいくら議論しても決着が付くことはないだろう。より重要なのは、和平工作者としての彼の資格の問題である。言い換えれば、和平工作ルートとしての繆斌ルートの有効性が問題であった。繆斌が接触していたのが軍統のルートであったことは間違いない。陳長風（顧敦吉）という軍統幹部が繆斌に指示を与えていたとされている。繆斌が軍統に通じていたがゆえに、重光や杉山は彼を「重慶の廻し者」と非難したのであった。また、南京政権の要職にありながら軍統ルートに接触している繆斌の人格にも疑念が募ったのだろう。

だが、小磯も繆斌のルートは戴笠につながっていると述べており、軍統がこれに関わっていることは承知していた。繆斌が軍統ルートをつかみ、それが蔣介石の側近、戴笠に直接つながっているとすれば、もっとも有望な和平ルートとして期待かつ信頼されると見なされたのである。

ただし、当時、軍統は繆斌にだけ接触していたのではない。汪兆銘が日本側に伝えた工作にも戴笠が関わっていた形跡があった。さらに、周仏海にも軍統や中統のエージェントが接触していた。軍統が関わっていたのは繆斌ルートだけではなかったのである。繆斌は周仏海に対して自分は重慶を代表することができると述べたという。周仏海は、あきれて繆斌を遠ざけることになった。周仏海からすれば、繆斌クラスの人物が重慶を代表して交渉できるとは考えられなかったのである。

繆斌工作について、もうひとつ問題とすべきは、南京政権解消・留守府設置という和平条件である。小磯内閣期の最高戦争指導会議は、重慶工作の条件として、蔣介石の南京帰還と統一政府樹立を認めていたが、これと南京政権即時解消との間には大きな距離がある、と重光らは考えた。この条件を認めれば、「対支新政策」以来の南京政権との国際信義は失われてしまう、と重光は述べている。南京政権は日本が正式に承認した正統政権であり、日本とは同盟関係にあるにもかかわらず、それをないがしろにして日本の都合だけで即時解消に踏み切るのは国際信義に反する、と重光は主張した。国際信義を重視し大義名分を重んじたのは、天皇も同じであった。彼らは、国際信義と大義名分に悖らないかたちでの和平達成を求めたのである。

小磯や緒方が国際信義や大義名分を軽んじたわけではないだろうが、彼らは和平達成を最優先課題とした。しかも彼らは南京政権を評価せず、その存在を有害無益なものとさえ見なしていた。緒方は、南京政権を道義的に許されない存在とし、重光が南京政権に対する「腐れ縁的信義の故に」繆斌工作を最初から押しつぶそうとした、と批判している。小磯や緒方にとって、和平のためならば、南京政権解消も呑むべきであった。

小磯や緒方は、日中和平が米英との和平に連動してゆくシナリオを描いていた。重光も米英との和平を目指していたが、蔣介石には米英の意向に反して対日和平を図る意志も力もない、と判断していた。さらに連合国との和平は、ドイツが敗北して単独不講和協定が無効になる後だ、と重光は考えていた。ここでも国際信義が重んじられたのである。

最後に、重慶政権にとっての繆斌工作とは何だったのか。日本の重慶工作は、蔣介石がこれ以上のアメリカの干渉を嫌い、共産勢力の増大を防ごうとしているという観測に基づいていたが、重慶側にたとえそのような事情があったとしても、はたしてそれが対日単独和平に踏み切る動機になったかどうか。

戦後、繆斌は漢奸として逮捕されたが、戴笠の指示を受けて重慶のために働いたと公言していた。ところが、戴笠は飛行機事故で死んでしまう。その直後、繆斌は処刑された。ここから、庇護者を失った繆斌は口封じのために処刑されたのだ、という通説が生まれることになった。しかし、口封じは、重慶が繆斌を通じて日本との和平を試みた、という事実を隠すためだったとは言えない。たとえ軍統の謀略であっても、繆斌がそれを和平工作だと信じ裁判等で公言すれば、それだけでも蔣介石政権にとっては不都合であり、それを防ぐための口封じだったとも考えられるからである。

重慶は、日本や南京政権を攪乱するために、和平を標榜して、さまざまな探りを入れた。やがて日本の敗色が濃厚になると、その占領地域や南京政権の支配地域を、共産勢力が入ってくる前にスムーズに接収するために、何本もの諜報ルートを使って日本や南京政権との接触・連絡を試みた。一方、南京政権では、日本の敗戦を見越して戦後の保身を図るために、諜報ルートを通じて重慶との連絡を試みるようになってゆく。繆斌工作は、こうした状況のなかで浮かび上がり、沈んでいったのである。

その後の重慶工作

繆斌工作と並行して試みられていた対中和平工作として、何世楨工作と呼ばれるものがある。大東亜戦争開戦前後から、土井章など上海の満鉄調査部関係者を中心として和平のために中国人と情報交換をしているグループがあった。上海持志大学校長の何世楨なる人物はこのグループに出入りしていたが、彼は重慶側の第三戦区司令部の情報工作に従事し、周仏海の重慶との連絡チャネルとしても活動していた。

やがてこのグループには、何世楨の教え子と称する徐明誠（重慶政権軍令部東南弁事処主任、第三戦区司令部駐在）も出入りするようになる。彼も周仏海の重慶連絡チャネルの一人であった。一九四四年一〇月、徐明誠は重慶側の和平条件なるものを伝えてくる。それは、天皇親政、戦争責任者の処罰、日本軍の撤兵を主な内容としていた。和平条件の出所は、重慶の徐明誠の上司、軍令部第二庁副庁長の鄭介民であったとされる。

土井は、本国政府を動かすため、旧知の水谷川忠麿（近衛文麿の実弟、のちに春日大社宮司）を東京から上海に呼び工作への協力を要請した。徐明誠が口頭で伝えた和平条件は何世楨と水谷川との往復書簡に文書化され、土井と水谷川はこれを持って帰国し、近衛に経緯を報告した。近衛は重光外相に伝えたが、重光は真剣に取り合わなかったようであり、その後の進展はなかった。中国に戻った土井は、南京で今井武夫に協力を求めたが、今井は、和平工作に南京政権以外の者が関わることは禁じられているとして、協力要請に応じなかったという。なお、注目されるのは、この何世楨工作にも重慶の諜報機関の存在が見え隠れすることである。鄭介民は軍統系の軍人であった。

小磯内閣が総辞職した後の一九四五年四月下旬、陸軍中央は現地軍に対して、重慶および延安に対する政治工作を直接実施するよう指示を出した。停戦を実現して戦線を縮小し、兵力の転用を図るためであった。もはや南京政権に対する信義に配慮して重慶工作をためらうときではない、とされたのである。

これに呼応して動いたのが現地軍の今井武夫である。今井は、南京政権要人の紹介により、この年二月頃、何柱国（重慶側の第一〇戦区副司令長官兼第一五集団軍司令官）の密使と会い、連絡チャネルを開いていた。四月の陸軍中央の指示を受けた今井は、このチャネルを用いて何柱国と接触し和平の実現を図ろうとした。七月九日、ようやく今井は河南省での何柱国との会見にこぎつける。

だが、このとき何柱国は、もはや日中だけの単独講和はあり得ないとし、日本が本気で連合国との和平を考えるならば、本土以外の海外領土をすべて譲渡しなければならない、と述べた。今井はあまりに厳しい条件に大きな衝撃を受けたという。大本営は、この会見に関する今井の報告を受けたはずだが、ほとんど反応を示さなかった。ポツダム宣言をめぐる紛糾のためだったのかもしれない。

一方、支那派遣軍では、共産軍との間に局地的停戦を実現しようという試みもなされた。このため、逮捕していた共産党員の紀綱を釈放し、紀綱は新四軍の根拠地で中共華中局敵区工作部部長の楊帆と会って日本側の意図を伝えた。楊帆はその後、南京に来て今井や、支那派遣軍総参謀長の小林浅三郎と会見した。局地停戦は実現しなかったが、連絡ルートは維持されたという。

戦争末期には、江藤大吉が東久邇宮に示唆したレイトン・ステュアートを起用して重慶に和平を打診しようという試みも実行に移された。その端緒は中山優（満洲建国大学教授、元満洲国駐華公使）が大東亜省総務局長の杉原荒太に持ち込んだ提案にあるという。六月下旬、杉原は、東郷茂徳外相と阿南惟幾陸相の同意を得た。ステュアートの説得は河相達夫（元公使、大東亜省顧問）と永井洵一（総領事）が行うことになり、二人は七月中旬北京に飛んだ。そこでステュアートの秘書（傅涇波）に会うことはできたが、現地の北支那方面軍の妨害により本人には会えなかった。南京に行って支那派遣軍の了解を取り付け、ようやく妨害を排除してステュアートに会えたのは八月一一日である。しかし、そのときステュアートはポツダム宣言受諾を勧めただけであった。

【参考文献】

伊藤隆・渡邊行男編『重光葵手記』中央公論社、一九八六年
伊藤隆・武田知己編『重光葵 最高戦争指導会議記録・手記』中央公論新社、二〇〇四年
今井武夫『支那事変の回想』みすず書房、一九六四年、改題、増補・改訂版『日中和平工作――回想と証言１９３７－１９４７』みすず書房、二〇〇九年
江藤淳監修・栗原健・波多野澄雄編『終戦工作の記録』（上）、講談社文庫、一九八六年

緒方竹虎『一軍人の生涯』文藝春秋新社、一九五五年
軍事史学会編『機密戦争日誌——大本営陸軍部戦争指導班』(下)、錦正社、一九九八年
小磯国昭『葛山鴻爪——小磯国昭自伝』丸ノ内出版、一九六八年
高宮太平『人間緒方竹虎』四季社、一九五八年、再版・原書房、一九七九年
田村真作『愚かなる戦争』創元社、一九五〇年、改題再版『繆斌工作』三栄出版社、一九五三年
中村正吾『永田町一番地——外交敗戦秘録』ニュース社、一九四六年
東久邇稔彦『東久邇日記——日本激動期の秘録』徳間書店、一九六八年
横山銕三『「繆斌工作」成ラズ——蔣介石、大戦終結への秘策とその史実』展転社、一九九二年

第6章　財政・金融規律の崩壊と国民生活

松元崇

歴史に一般の国民が登場することは少ない。ほとんどの歴史を彩っているのは、政治家や軍人の活躍である。そこで、財政や金融という面から見れば、大東亜戦争下での一般の国民の生活がより見えてくるのではないかというのが長年財政・金融に携わってきた筆者の問題意識である。歴史にはあまり登場しないが、毎年毎年、年末の予算編成では国民生活にかかわるからと多くの報道がなされているのだ。なお、本稿では、当時の国民生活を少しでも実感していただくために、要所要所で政府や経済界に幅広い交友関係を持ちながら戦争への批判的視点を貫いたジャーナリストだった清沢洌《きよし》の『暗黒日記』から引用している。

日米開戦時の思惑と誤算

「大ばくち 身ぐるみ脱いで すってんてん」、終戦時に満映（満州映画協会）の理事長で、自決した甘粕正彦の辞世の句である。甘粕は、関東大震災の際にアナーキストの大杉栄などを殺害し、仮出獄後に満州で活躍していた人で、当時の政治的な軍人の代表といえる。その甘粕からみて、大東亜戦争は大ばくちだったのだ。資源のない日本が、米国との戦争に勝てないことは、1937年7月に始まった日中戦争[1]の下において毎年策定されるようになっていた物資動員計画から明らかだった。日中戦争については、39年9月に第2次欧州大戦[2]が勃発すると、ナチスドイツと英仏が戦争を繰り広げる中での有利な立場[3]を利用して最終処理ができるのではないかという希望的観測が生まれた。しかしながら、41年6月に独ソ戦が始まるとその思惑は吹き飛び、7月の日本軍の南部仏印進駐で対米交渉も行き詰まってしまう。その状況で登場してきたのが、武力で南方資源を確保できれば、米国とも戦えるのではないかという、またしても希望的な観測だった。

行き詰まった対米交渉打開のために、近衛文磨とルーズベルトの日米首脳会談が模索されていた41年8月に政府に提出された「総力戦研究所」の報告は、日米戦は日本必負の結果を示していた。同年10月にまとめられた42年度物資動員計画第1次案は、米国などからの資産凍結を受けたままでは急速に国力が消耗していく姿を示していた。そのような中で、近衛内閣の後を襲った東条内閣が日米開戦に踏み切ったのは、欧州での戦争でナチスドイツがソ連に勝利をおさめ、孤立した英国を守るために米国が精力を費やさざるを得なくなれば、その間に、日本は南方の資源を確保することによって長期持久の態勢を整えることが出来るという思惑に賭けたものだった。開戦を決めた御前会議において、鈴木貞一企画院総裁（陸軍中将）は「南方諸地域の要地にして3、4カ月の間に確実に我が領有に帰しますれば6カ月内外から致しまして石油、アルミニュウム、ニッケル、生ゴム、錫等の取得が可能となりまして2年目くらいからは完全にこれが活用を図り得ると存ぜらるるのであります」と述べた。東条内閣が策定した最終的な42年度物資動員計画では、開戦後、作戦が一段落する42年度下期に、民需船舶の徴用解除によって長期戦に対応した輸送体制が整備されることになっていた。ところが、その思惑は外

（1）本論稿は西暦記述としたが、図表は原典（『昭和財政史』）の元号表記に従っている。
（2）当時の呼称。後に日米が開戦すると第2次世界大戦と呼ばれるようになった。
（3）フランスがドイツに降伏した40年6月には、日本は仏印当局と英国に対して中国への物資輸送禁止を承認させ、9月には北部仏印に進駐して中国への補給ルートを圧迫した。

第1表 鉱工業生産指数の推移

	昭13	14	15	16	17	18	19	20
総合指数	131.3	164.0	161.9	169.4	142.7	113.5	86.1	28.5
製造工業	131.6	165.4	163.0	171.0	143.3	113.0	85.3	27.9
陸海軍兵器	352	486	729	1,240	1,355	1,805	2,316	556

備考：国民経済研究協会作成資料による。総合指数、製造工業指数は10〜12年=100。陸海軍兵器生産指数は10年=100

れる。42年6月のミッドウェー海戦で日本海軍は大敗を喫し、同年8月から43年2月にかけてのガダルカナル島攻防戦で多くの輸送船を失ってしまう(4)。残った船舶についての陸海軍からの徴用解除は遅れ、結局、南方資源を確保する体制が整うことはなかった。そのような状況下、第1表でご覧いただけるとおり、日本の鉱工業生産指数は日米開戦の41年（昭16）をピークとして急速に落ち込んでいったのである。

41年12月、真珠湾攻撃によって太平洋戦争が始まると、38年に施行されていた国家総動員法に基づいて民間部門の生産、配給の総合的統制が始まった。直接の根拠となったのは、41年9月に施行されていた重要産業団体令で、41年12月から43年1月までに15業種21部門の統制会が設立された(5)。わが国は諸外国に比べて、軍需に占める軍の直営工場の役割が大きかったが、それでも航空機をはじめとする兵器生産の多くが三菱重工や日立製作所などの民間企業で行われていた中で総合的統制の果たした役割は大きかった。(6) 鉱工業生産全体が落ち込む中でも資源を集中することによって、陸海軍の兵器生産は44年(昭19)まで大きく増加していったのである。限られた資源を軍需生産に集中するために、財政も金融も総動員されていった。膠着した中国戦線や太平洋での米軍との戦いに全国から徴兵された兵士たちが毎日死を賭して闘っているとなると、その兵士たちにできる限りの支援をするために財政規律も金融秩序も顧みられなくなっていったのである。しかしながら、いくら財政や金融が総動員されても、当初の思惑通りに物資が確保できない中では、軍事を支える経済の基盤そのものが崩壊していった。第2表でご覧いただけるとおり、米軍の潜水艦や機雷によって海上輸送がほぼ遮断された終戦時の鉱工業生産活動は、昭和10～12年平均を100としてわずかに8・5、すなわち10分の1以下に落ち込んでいったのである。

(4) ドイツも、同時期、スターリングラード攻防戦でソ連に大敗を喫していた(42年8月～43年2月)。
(5) 41年12月には、民間部門の遊休設備を軍事的に緊急な事業に活用させる産業設備営団が、42年4月には、鉄鋼、非鉄金属、繊維等の在庫品の確保とその利用効率の増進を図る重要物資管理営団が設立された。
(6) 2000億円を超えた戦費のうち民間企業に支払われた額は1400億円を超えていた。財閥系企業が軍需で高収益を上げ、いわゆる軍需成金も生まれた。

第2表 終戦時における鉱工業生産活動

	20年7月	8月
製造工業	10.8	7.5
繊維工業	4.7	6.1
化学工業	12.7	7.7
鉄工業	20.6	5.4
機械工業	11.4	4.0
窯業	13.0	5.4
食品工業	—	19.0
鉱業	61.7	36.3
石炭	80.4	48.3
非鉄金属	31.5	15.0
総合指数	12.8	8.5
消費財平均	5.6	26.1
生産財平均	27.8	12.1

備考：1. 国民経済研究協会調べ
　　　2. 昭和10〜12年平均=100

資源が不足する中で、陸海軍がてんでに兵器生産の増加を図った結果は生産活動の混乱だった。混乱の背景には、統帥権の独立を錦の御旗にして陸軍と海軍がそれぞれ勝手な行動をとったことがあった。そのような混乱に対処すべく、43年11月には企画院、商工省、陸海軍の民間航空工業監督部門を統合した軍需省が創設され、44年2月には、東条首相が軍需大臣、陸軍大臣に加えて参謀総長までも兼任して東条幕府と呼ばれるようになったが、それでも事態の改善は見られなかった。44年7月17日の『暗黒日記』には、

「陸軍と海軍との対立感情は、かつて史上にその類を見ないほど深刻だ。軍需工場などでも、その物資の奪い合いで、係員は全く困っているとのことである。（中略）陸軍は憲兵制度を有しているから、海軍に同情あるものに対しては圧迫を加え、いやみをやるのが常である。海軍同情者を検挙することも稀でないという。しかもこの陸海軍の悪感情は、天下公知の事実なるにかかわらず、新聞も雑誌も一言もこれに触れぬ。またふれたら大変だ」と記されている。44年10月5日には、某君の「働いている軍事工場においては三百屯《トン》の材料を消化する設備があるが、事実は七十トンの原料しか来ない。しかも毎日、その材料を集めるに一生懸命で、技術的なことはせずに、雑務をやっている」とある。統帥権の独立が最後まで政府の統一的な対応を妨げていたことは、終戦の年の45年3月12日に「陛下が重臣をお招きになって、政府と統帥を一本にするために御下問になって居らるるとのことだ。しかしこれに対し、軍部が絶対反対であり、また重臣も押し切って誰一人、積極的に申しあぐる者がないという」と記されているところからもうかがえる。3月10日に東京大空襲があり、終戦まで5カ月という時点でもそのような有様だったのである。

第3表 臨時軍事費成立予算額

	歳入	歳出	成立	公布年月日
北支事件費	95,184	95,184	第71議会	昭和12. 7.29
同上追加	412,024	412,024	71	12. 8.10
臨時軍事費	2,022,671	2,022,671	72	12. 9.10
同上第1次追加	4,886,591	4,850,000	73	13. 3.23
2	4,605,000	4,605,000	74	14. 3.20
3	4,460,000	4,460,000	75	15. 3.26
4	1,000,000	1,000,000	76	16. 2. 8
5	4,880,000	4,880,000	76	16. 3. 5
6	3,800,000	3,800,000	77	16.11.22
7	2,800,000	2,800,000	78	16.12.17
8	18,000,000	18,000,000	79	17. 2.12
9	27,000,000	27,000,000	81	18. 3. 4
10	38,000,000	38,000,000	84	19. 2.15
11	25,000,000	25,000,000	85	19. 9.13
12	85,000,000	85,000,000	86	20. 2. 1
合計	221,961,471	221,924,879		

備考:『昭和財政史』第四巻「臨時軍事費」による　(単位 千円)

財政規律の崩壊（臨時軍事費特別会計）

資源のない日本の「大ばくち」に、財政も総動員されていった。日米開戦前の１９４１年7月に財政金融基本方策要綱が策定され、42年度予算からは、予算の新規要求にあたって一切の資材を戦争目的に集中させるために必要な事項を前もって決めておく制度が導入された。そのような軍事最優先の財政を支えた主役は臨時軍事費特別会計(7)だった。日米が開戦した41年度の国（一般会計）の予算は81億円だったが、41年中に臨時軍事費特別会計には４次にわたって毎回１００億円を超える追加が行われた。42年以降の追加はほとんど青天井となり、45年2月の最後の第12次追加は、国民所得総額（第5表参照）にも匹敵する８５０億円となった（第3表参照）。

予算書と言えば、かつての電話帳のように多くの費目が並んだものを思い浮かべられるかと思うが、臨時軍事費特別会計の歳出項目には陸軍費と海軍費と予備費しかなかっ

(7) 臨時軍事費特別会計は日清戦争の時に最初に設けられたもので、大東亜戦争では37年に勃発した日中戦争の際に設けられた。軍関係のより自由な支出を確保するために、予備費や責任支出、予算外国庫負担契約といった例外的な手法も多用されるようになった。

た。[8] 毎回の追加に際しての説明は、「時局ノ推移ニ伴イ臨時軍事費予算ニ不足ヲ生ズル見込ナルニ依リ之ガ追加ヲ要求ス」の一行だけだった。軍部は、それだけの説明で大蔵省の予算査定を押し切った。帝国議会でも、およそ「審議」という名に値するものは行われず、申し訳程度の「秘密会」で数十分の間にそのまま可決された。臨時軍事費特別会計からの支出は、陸海軍大臣が3カ月ごとにその期間内の使用見込み額を概定して請求し、閣議決定ののち、大蔵大臣から上奏、裁可（勅裁）を経ることとなっていたが、日米が開戦した41年度には裁可はほぼ毎月行われ、やがて名目のみとなり、実際の支出額が勅裁額を上回るようになっていった。歳入面でも43年3月には公債の発行限度額が事実上廃止され、当初は法律によるとされていた他会計からの繰り入れも勅令でよいとされた。歳入面でも歳出面でも、予算統制は有名無実化していったのである。

予算統制の有名無実化を主張した急先鋒は陸軍だった。予算手続きは、43年9月の閣議決定「現情勢下ニ於ケル国政運営要綱」で徹底的に単純化されたが、陸軍は、それでも足りないとして、陸軍関係の特別会計の当分の間の停止、一般会計の当分の間の廃止を研究すべきだとまで主張した。そして、その主張は、44年1月の軍需会社指定融資制度によって金融面から実質的に実現し、軍は予算に縛られることなく思うままに軍需品の発注を行うようになっていった。

予算の執行手続きも簡素化されて、軍の思うままになっていった。公費の支払いは、当時も今日と同様に、各省庁の支出官が債権者に日銀決済の小切手を振り出す形で行うのが原則だったが前線の諸部隊の会計担当者が自由に行えるように、本来例外的にしか認められない資金前渡などの手法が広範に認められていった。すなわち、陸海軍の支出官が各部局の資金前渡官吏へ資金を前渡し、それがさらに前線の諸部隊で分任資金前渡官吏に任命された会計担当者に前渡されて支払いが行われた。そのような資金前渡官吏の数は、終戦時には数万人にも上った。支払いが行われたことの確認も戦時特例ということでほとんどの証明書類が省略されて有名無実化していった。

予算は年度毎に決算されて会計検査院の厳格な審査を受けるのが原則だが、臨時軍事費特別会計は、戦争の開始から終結までを一会計年度としていたために、大東亜戦争中には決算が行われず会計検査院の審査も行われなかった。臨時軍事費特別会計は、本来、一般会計から臨時的な軍事費を切り離すことによって、軍事費の膨張による財政規律の

（8）米国との戦争が始まると、陸海軍費の区別も廃止された。

第4表　人口1人当り戦費の増大

年度	戦費総額(千円)	人口(人)	1人当り戦費(円)
昭和12	2,034,298	67,252,800	28
13	4,795,394	72,222,700	66
14	4,844,296	72,875,800	66
15	5,722,541	73,114,308	78
16	9,487,023	74,067,100	128
17	18,753,149	75,114,400	249
18	29,818,451	76,464,000	389
19	73,493,554	73,456,141	1,001
20	16,465,123	71,996,477	228

備考:『昭和財政史』第四巻「臨時軍事費」による

弛緩が国の財政一般に及ぶのを防ぐ意味を持っていたのだが、それは、戦争が短期間で終わる限りでの話で、15年にわたって続いた大東亜戦争では反対に財政規律崩壊の元凶となってしまったのである。兵備品に対する会計検査院の検査も、大部分の兵備品が検査の例外とされる出師準備品などに属するとされてほとんど行われなかった。

第4表の戦費総額を見ると、米国との戦争が始まった41年度の94億円余が44年度には734億円余へと急増している。734億円といえば、同年度の国民所得600億円を超えるものであった。そのように急増する戦費調達のために行われたのが、大増税と貯蓄増強運動[9]だった。42年度には所得税、法人税などの税率引き上げとともに、電気ガス税、広告税、馬券税が新設されて11億円超の増税が、43年度にも同規模の増税が行われた。44年度と45年度には、それぞれ22億円超の増税が行われた。43年12月22日の『暗黒日記』には、「増税案が今朝の新聞で発表された。初年度二十二億円（中略）すなわち支那事変当時の税収の八倍である。（中略）いよいよ人間は税を払う動物になったわけだ」と記されている。その日記が書かれた43年度には、大蔵省主税局内に皇国租税理念調査会が設けられて「昔神様には幣事を奉った思想で」税を納めるとの皇国租税理念が唱えられたのであった。

そのような大増税が行われたが、それでも戦費には到底足りないというので行われたのが、半強制的な貯蓄増強運動だった。第5表の国家資金計画に示されている貯蓄目標は、租税等のほぼ3倍の額になっている。税額の3倍を貯蓄したときには租税を納付したものとみなすとの納税施設法も制定された。43年度には貯蓄増加額目標が、各道府県別、郡市町村別に銀行や郵便局、最後には隣組にまで半ば強制的に割り当てられるようになった。そのような運動で、郵便貯金は42年度末の132億円が、44年度末の304

（9）貯蓄増強運動は、国家総動員法が制定された38年4月に始められた。

第5表　各年度初国家資金計画

年度	国民所得	資金供給			財政資金調達		貯蓄動員
		財政資金	生産拡充資金	国民消費資金	租税等	公債等	貯蓄目標
昭和17	450	240	60	150	80	160	230
18	500	310	60	130	100	210	270
19	600	425	60	115	140	285	350
20	900	655	130	115	185	470	600

備考：『昭和財政史』第三巻「歳計」による　（単位　億円）

億円へと大きく増加していった。なお、献金も奨励されたが、国防献金は43年度の3100万円が最多で、総額も5959万円にとどまった。軍隊や軍人に慰問品などを送るための恤兵《じゅっぺい》献金も、42年の3200万円が最多で、総額6200万円余にとどまった。

金融秩序の崩壊（軍需会社指定融資制度、軍需手形制度）

金融も、戦争のために総動員されていった。日米開戦前の1941年8月に、時局共同融資団が、開戦後の42年4月には、産業再編、軍需産業の生産力増強、株式市場安定のための資金供給を行う戦時金融金庫が発足した。そういった中で、軍事最優先を金融面から支える主役になったのが日本銀行だった。同年2月に制定された日本銀行法[10]は、それまで商業金融中心主義だった日本銀行の業務に新たに産業金融の調整を付け加えることによって、日本銀行を軍需産業への資金供給の中心的な主体に位置付けることになった。[11] 同年5月には、日本銀行総裁を会長とする全国金融統制会が設立されて指定銀行制と強制融資の業務が始まった。指定銀行制は、あらかじめ銀行を指定しておくことによって、それまでの共同融資制度をより軍需会社が資金を得やすい仕組みにするものであった。強制融資は、日本製鉄や帝国燃料興業といった国策会社に強制的な融資を行わせるもので、それによって金融機関に生じる損失は国によって補償された。44年1月からは各軍需会社に原則として一つの金融機関が指定されて常に融資を行う軍需会社指定融資制度が始まった。制度の対象となる指定軍需会社の数は当初150社だったが、終戦時には2240社となり、ほとんどすべての軍需会社が恒常的に融資を受けられるようになった。

恒常的な融資を超えて、そもそも融資手続きの心配をしなくてもいい仕組みになって

(10) 法律の制定は、1882年（明治15年）の日本銀行条例が定めていた日本銀行の営業期限切れ（1942年10月）に対応するものだった。

(11) 日本銀行は、大東亜共栄圏の経済を支える外地の中央銀行にクレジットの供与も行った。42年1月に蒙古連合自治政府の蒙疆銀行に、同年6月にタイ国大蔵省に、同年7月に中国の中央儲備銀行に、43年2月にフィリピン大蔵省にクレジットを供与した。

いったのが、41年8月に導入された軍需手形制度であった。当初、同制度は、軍から発注を受けた軍需会社が、軍の出納官吏に特定のスタンプを押してもらった為替手形（軍需手形）を日本興業銀行に持ち込んで割り引いてもらうものだった。それが、政府保証が付けられるようになり、日本興業銀行以外のいずれの金融機関でも割り引いてもらえるようになった。43年11月からは、金融機関が割り引いた軍需手形が日本銀行からの貸し出しの担保として優遇されるようになり、44年4月からは最低利子率が適用された。それは、日本銀行が軍需会社に対して融資手続きなしの最後の資金供給者（キャッシュ・ディスペンサー）になったことを意味していた。(12) 日本銀行によるそのような無制限の資金供給は、軍需会社だけでなく国民に対しても行われるようになった。44年6月、米軍がサイパン島に上陸し絶対国防圏が崩れると、日本銀行は、敵機来襲による戦災について、一切の預貯金、一切の保険金の支払いに保証を行うこととした。この措置は、年明けからの米軍による都市部無差別爆撃の被害に対してフルに活用されることになった。そのような措置の結果、日米開戦の41年12月に9億円ほどだった日本銀行の貸出金は、終戦の45年8月には304億円にまで膨らんでいった。

ここで、日本銀行による国債の直接引き受けについて触れておくこととしたい。『日本銀行百年史』に、日本銀行による国債の直接引き受けが戦後のハイパー・インフレーションにつながったと記されていることから、国債のほとんどが日本銀行に直接引き受けられたままだったと考えられがちであるが、実は、引き受けられた国債のほとんどは市中消化されていた。第6表でご覧いただけるとおり、96・2%が市中消化されていたのである。市中消化の原資になったのは、まずは国民の貯蓄であったが、戦争末期に膨れ上がった国債の市中消化の背景には、財政規律崩壊と裏腹の特殊なメカニズムがあった。すなわち、財政規律が崩壊し、軍が民間の生産能力などお構いなしに軍需品の生産を発注するようになると、発注を受けながらこれを消化しきれずに軍からの前渡金などを受け取るだけの軍需企業が増えていった。戦争末期になると、軍は金に糸目をつけずに高額での発注を行うようになり、そのような資金は急増していった。ついには、会社の自己資本の10倍以上もの前渡金を受け取っている会社まで出るようになった。その膨大な資金が銀行預金を急増させ、それが国債の購入に回り、順調な市中消化を支えていたのである。それは、膨大な国債発行による資金が軍関係者の間に滞留して民間には出

（12）軍需手形の限度額は、臨時軍事費特別会計予算の範囲内とされていたが、その制約は有名無実だった。

第6表 国債消化状況

	国債発行高	引受額		日銀純売却高(B)	消化高(A+B)	消化率(%)
		預金部(A)	日銀			
昭和16(12月～3月)	4,591	1,000	3,591	3,104	4,104	89.4
17	14,259	3,050	11,209	10,614	13,664	95.8
18	21,147	5,900	15,247	13,851	19,751	93.4
19	30,484	10,400	20,084	17,484	27,884	91.4
20(8月まで)	10,692	3,500	7,192	9,268	12,768	119.4
計	81,173	23,850	57,323	54,351	78,171	96.2

備考：1. 日本銀行統計局『戦時中金融統計要覧』による　（単位　百万円）
2. 国債は内国債のみ、また交付分は含まない
3. 日銀純売却高は、日銀の民間ならびに官庁への売却高から買入高を控除したもの

回らないのでひどいインフレにつながらないという特殊なメカニズムだった。そのメカニズムがなくなって起こったのが、戦後のハイパー・インフレーションだったのである。

国民生活へのしわ寄せ

資源がない中で戦争を続けていくことは、国民生活への極度のしわ寄せに直結した。戦争中、毎年度、策定された国家資金計画（第5表）を見ると、初年度の42年度でも、国民所得450億円のうちの多くが財政資金と生産拡充資金に充てられて、国民生活を賄う国民消費資金に充てられるのは150億円、すなわち国

民所得の3分の1だけだった。それが、45年度計画では国民所得900億円のうちの8分の1ほどの115億円しか国民消費資金に充てられなくなっている。44年3月14日の『暗黒日記』では、「食糧の不足が、どこに行っても話しの種である」とあったのが、10月4日には「かつて、人が集まると食い物の話しをした。今やその食物は無くなって、話しは素人農業の問題になって来た」となっている。そして、国民生活へのしわ寄せは、最後には軍にも及んでいった。45年4月18日の『暗黒日記』には「どこに行っても聞く話しは、兵隊さんの食糧が足らず、家庭に行ったり、食い物屋に行って食をねだることだ。銀座にも、毎日のように兵隊が来て、お腹が空いて困るから食わしてくれとねばり、これを断るのに困っている」と記されている。

そのような国民生活への極度のしわ寄せを人々が受け入れたのは、欧米の植民地政策によって虐げられているアジアの人々を救い、東亜新秩序を創設するという政府の掲げる理念を信じさせられたからであった。42年には、日露戦争に際して「君死にたまふことなかれ」と詠った与謝野晶子が「水軍の大尉となりてわが四郎み軍に往く猛く戦え」と詠んだ。しかしながら、多くの国民がそのような崇高な理念を信じていたとしても、実際に国民生活が困窮してくると、世相はすさんだものになっていった。43年8月16日

第7表 徴用者数の推移

	人数
昭和14	850
15	52,692
16	258,192
17	311,649
18	699,728
19	229,448
20	47,771

備考：1.『日本戦争経済の崩壊』により作成
2. 20年は8月までの人数

の『暗黒日記』には、上野駅で自らの財布をすられたことに関して「日本国民は貧して全部泥棒になりつつある」とあり、12月8日には、「大戦争二周年廻り来たる」とした後に、「二年に気付く現象は、コソ泥の横行である。物を盗まれない家とてはない有様だ。玄関に置いた外套、靴、直《す》ぐとられる」とある。44年11月9日には「電車のつるさがる柄を盗むものが続出し、今や電車には、それが半分もない。電車や汽車のシーツの布を切って家に持って行くとのことである」と記されている。

戦争の国民生活へのしわ寄せでは、人的なものが最大ともいえた。米国との戦争がはじまって、赤紙（召集令状）一枚で働き盛りの男子のだれもが徴兵されるようになると、国内産業は人手不足となり、その人手不足の穴を埋めるために多くの人々への徴用や動員が行われるようになった。[13] 国家総動員法に基づいて39年から労務動員計画が策定されていたが、42年の第4次計画からは対象者に12歳から39歳までの未婚女性や学生、朝鮮人労働者が、43年の第5次計画からは戦争捕虜や受刑者が新たに加えられた。43年からは400万人の学徒が軍需工場に動員され、未婚の女性が女子勤労挺身隊に登録されて生産に従事するようになった(14)。中国や南方の占領地からも労働者が集められるようになった。国民徴用令は、当初、軍需工場の熟練工の移動を制限する目的(15)で始まったものだったが、やがて広く働き手を集めるために活用されるようになり、44年9月からはそれまで対象とされていなかった朝鮮半島にも施行された。その背景には、第7表でご覧いただけるように徹底的な徴兵によって徴用出来る者の数が43年をピークに44年には激減していた状況があった。そして、そのように動員された人々の労働環境はひどいものだった。44年3月13日の『暗黒日記』には、3月5日から日曜日が廃棄されて365日勤務となったことが、同年9月24日には「動員で工場に行くが、学生の中に非常に肺浸潤が多いとのことである」と記されている。これは無理がない。営養が不足なのである。

国民生活への人的な面からの最も大きな負担を担ったのは、夫や息子が徴兵されて働

(13)終戦時の兵員761万人のうち、工業部門からは40%が、農業部門からは26%が徴兵された。
(14)女子勤労挺身隊に徴用された女子は、45年3月で47万2000人であった。
(15)戦後のような終身雇用制がなかったために、熟練工が自由に会社を渡り歩くのを制限する必要があった。

き手を失い困窮した家族だった。当時の一人当たり国民所得は１０００円弱だったが、徴兵されて入隊した二等兵の給与は年額１０８円（月額９円）だった。家族の困窮は、兵士が戦死したり傷病(16)したりすればなおさらだった。44年7月22日の『暗黒日記』には、知人が一人息子を失った母親を見舞に行き、「靖国神社にまつられて光栄でしょうというと、その婦人が真向きになって、『大切な息子を失なったものが、靖国神社に行くと、乞食のように白砂利の上に据らされて、いつまでも頭を下げている。そんな馬鹿なところに行くもんか』と。ひどい見幕だった」ことが記されている。

経済の破綻と占領地の負担

１９４３年に入り、ガダルカナルで多くの船舶を失って海上輸送の困難が深刻化すると、資材不足から物価上昇が目立つようになった。そこで政府が行ったのが、国家総動員法に基づいて39年10月から行われていた物価統制のさらなる強化と、不要不急とみなされる既存施設のスクラップや転用による国内「資源」の捻出であった。さらなる物価統制は、米麦などの生活必需品と石炭などの軍需に必要な物品を指定して価格差補給金を支払うことなどによって末端価格を抑え込みながら出来る限りの生産水準を確保しようというものだった。[17] そのような措置によって、表面上はインフレが抑え込まれたが、価格差補給金が支払われない物資の生産は採算に乗らなくなって多くが中止され、それらの物資には大幅な闇値が生じることになった。

44年7月のサイパン島陥落[18]で絶対国防圏が崩れると東条内閣が倒れて小磯内閣となる。小磯内閣が発動したのは南方との関係が完全に途絶する前に大量の船舶を南方物資輸送に投入する作戦だった。しかしながらその結果は、かつてない大量の船舶喪失[19]となり、物資動員計画は全く行き詰まることになる。絶対国防圏崩壊という事態に直面した政府は、航空機の生産を至上命題とするようになった。そこで立案されたのが、機械関連工業をそのまま航空機関連の部品加工に再編し、技術者も緊急かつ大規模に転換するという実施不可能な計画だった。原料不足から遊休となった工場施設や完成の見込みが立た

(16) 傷病兵の苦難については、東京・千代田区九段の「しょうけい館」(戦傷病者史料館)で知ることができる。
(17) 43年2月、緊急物価対策要綱に基づく措置。軍需生産拡充のための補助金は114億5000万円に、食糧増産のための補助金は53億1000万円に上った。
(18) 同時期、欧州では、ノルマンディー上陸作戦が行われている(44年6月)。
(19) 日本船舶の動きは、米軍の暗号解読によって把握されていた。

なくなった未稼働施設などから、鋼材100万トン分を一挙に破砕して最後の鉄鋼供給源とする国内「資源」の捻出計画も発動された。そのような既存施設のスクラップ化による国内「資源」の捻出は、いわばモノの玉砕だった。43年5月のアッツ島玉砕（人の玉砕）にならったものといえた。計画立案を迫られた軍需省総動員局は、44年7月27日、陸海軍に対して決戦と戦争終結の時期を明示するように求めたが、それに対する回答は、あくまでも戦争目的を完遂するというものだった。

45年度の物資動員計画は、素材生産のための輸送計画を順次停止し、現存の原材料が尽きるまで加工作業を維持しようというものになった。それは、数カ月以内に戦争継続が困難になるという計画に他ならなかった。そのような中でも、予算制約が外れた軍は金に糸目を付けずに資材の買い上げに走り、不足する資材の価格は騰貴して、公定価格では物が流通しなくなった。一般の流通もその実を失っていった。それは、いくら働き手を動員しても生産につながらないという事態だった。44年3月16日の『暗黒日記』には、「問題は、徴用の乱暴な実行だ。仕事もなく、機械道具もない。それなのに無暗《むやみ》に徴用する結果、手をつかねて遊んでいる」とあり、45年2月14日になると、工場に「石炭がないので一ヶ月に三日しか働かなかった」と記されている。

戦争末期の物価騰貴は、日本国内よりも占領地で極端な形で発生した。資源がない日本が始めた大東亜戦争で、日本はそもそも占領地においてまともな経済政策を展開するだけの経済力を持っていなかった。41年11月5日に開かれた第7回御前会議において、賀屋興宣大蔵大臣は、「南方作戦地域は、……我が方においてこれを占領したる場合……相当長期の間現地一般民衆の生活を顧慮するの暇なく、当分は所謂搾取的方針に出ずること已むを得ざるべし」と述べていたが、戦争が長期化するにつれて、占領地における搾取的方針は恒常的なものになっていった。[20] 戦争が続くにつれての占領地における負担の実態を示しているのが、臨時軍事費特別会計の歳入に計上された借入金と外資金庫の経理である。借入金は、43年から南方開発金庫[21]などが行ってきた現地通貨による借入金[22]を臨時軍事費特別会計に計上するようにしたもので、43年の第9次追加で33億

（20）資源がなくて戦争に突入した日本に較べれば、占領地の生活には余裕があった。『外交官の一生』（石射猪太郎、中公文庫、１９８６年）によれば、43年6月時点で上海では物があふれていた。
（21）南方占領地域における中央銀行として42年3月に設立された機関。
（22）借入金の原資は、占領地の金融機関の間（例えば、朝鮮銀行と中国聯合準備銀行との間）での預合い契約（単なる帳簿上の操作）によるもので、それは実質的な軍票発行であった。

円、44年の第10次追加で70億円、第11次追加で182億円、45年の第12次追加で301億円が計上されている。45年の301億円は、同年度の戦費総額164億円余（第4表参照）を大きく上回っており、それは大東亜戦争の末期に国内の資源が枯渇する中で、占領地の資源でなんとか戦いを続けようとしていた軍の姿を浮かび上がらせる数字といえよう。

45年2月に設置された外資金庫は、それまで臨時軍事費特別会計に計上されていた借入金の会計処理を引き継いだほか、占領地でのインフレの結果、臨時軍事費特別会計予算の範囲内で賄いきれなくなった戦費の負担を行なった。その仕組みは、以下のようなものだった。例えば、45年3月に、中国においてかかる軍事費についての臨時軍事費特別会計による負担割合は5％とされ、その残りは外資金庫の負担とされた。それは、100万円の戦費のうち5万円だけが臨時軍事費特別会計で、残りの95万円は外資金庫の負担ということであった。そして、5％の負担割合は、5月には2％、8月には0・77％と引き下げられていった。0・77％では、100万円の軍事費のうち臨時軍事費特別会計の負担は7700円だけで、99万2300円は外資金庫の負担ということになる。その結果、外資金庫の負担は急増して最終的な外資金庫の債務総額は5228億円余に達した。５２２８億円は、臨時軍事費特別会計の戦争期間を通しての予算総額２２１９億円の2倍を超えており、いかにも巨額であるが、それは占領地における戦争末期の激しいインフレのせいだった。占領地の物価は44年の後半期から暴騰して、上海では36年を基準として44年末には１０００倍近くになっていた。(23) ５２２８億円も仮に１０００分の1にすれば5億円余りである。そして、その５２２８億円のほとんどが、戦後、現地における金の売却益などによって補塡された。外資金庫の中国における金の売却益は、４９７８億円に上った。(24) 現地の軍は、終戦時点でもそれだけの資産を持っていたのである。(25) それが、戦争末期でも、陸軍が日本の無条件降伏に強く反対したことの背景にあったといえよう。もちろん、陸軍の無条件降伏反対の最大の理由は、まだ負けていないということだった。中国大陸の陸軍は、米軍と直接対峙しておらず、本格的な負け戦を経験していなかった。(26) 連戦連勝と報じられていたのである。44年7月16日の『暗黒日

(23) 戦闘地域から外れていたジャワの45年8月の物価は、41年12月基準で32倍だった。
(24) 外資金庫には、このほかに対日為替調整の益金が３０５億円あった。
(25) 臨時軍事費特別会計法は、42年２月改正で、軍が軍用以外の資産を持つことを認めていた。
(26) 負け戦だったサイパン島の守備は陸軍の担当だったが、陸軍は海軍のせいで負けたとしていた。

記』には、「陸軍が支那大陸で『活躍』していることを、毎日のラジオも新聞もジャンジャン書き立てている。（中略）『戦史以来の巧妙なる大陸作戦』とか『絶妙なる制空部隊』とか、およそ最大級の言葉の連続だ」とあり、10月14日には「陸軍は依然として支那で作戦をやっている。近く桂林を突くという。非常な宣伝だ。陸軍は成功しているが、海軍の方は大変だともとれる」と記していた。

ただ、そのような陸軍が、大陸で本当に強力な戦闘力を維持していたかというと疑問である。中国大陸で闘っていた日本軍に対する食糧、石鹼、かみそり等の身の回り品は、米国との戦争突入の前から補給が減少していたが、資源不足からくる国内の生産力の弱さは、やがて現地軍が装備する軍需品の深刻な劣化をもたらすようになっていた。44年に漢口に配属された初年兵の銃は鋳型に流し込んだままのもの、飯盒は二人に一つで水筒は竹製という有様だった。軍靴も、質の悪い糸で縫い上げられるようになったため雨天の行軍ですぐに底が抜け落ちてしまい、はだしでの行動を強いられた結果、凍死するものが続出する有様だったのである。(27)

ここで、米軍の無差別都市爆撃(28)による国民生活の破壊について触れておくこととしたい。爆撃が本格化した45年の冬は世界中が50年ぶりの寒気に襲われていた。『暗黒日記』

の45年2月8日には、「東京で家の中の水が全部凍るという如きは三十年の東京生活で知らない」と記されている。一夜にして10万人以上の犠牲者を出した3月10日（陸軍記念日）の東京大空襲と、それに続く12日の名古屋、14日の大阪の大空襲は、そのような中で都市住民の生活を壊滅させた。大都市では闇価格が高騰し、副食品の欠乏が甚だしくなった。そもそも、米軍の無差別都市爆撃は、人々の生活の破壊による戦意喪失を目的としていた。敗色が日一日と濃くなる中でも、45年1月の帝国議会で行われた石渡荘太郎大蔵大臣の財政演説は、「今や戦局は展開し、皇国興廃の岐《わか》るる秋《とき》であります。この時艱を克服し、敵米英の野望を撃砕するためには、（中略）必勝の信念に徹する確固不抜の精神力を以て、国家の総力を動員集中するの必要であることは申すまでもありませぬ。今こそ一億国民こぞって旺盛なる戦意を振起し、前線勇士の敢闘に呼応し、……」としていた。ほとんど全ての家から兵士が出征している中、「一億国民こぞって」という言葉には重い響きがあった。国民生活にひどいしわ寄せがきている中でも、また、政

（27）『日本軍兵士』吉田裕、中公新書、2017年
（28）無差別都市爆撃は、非戦闘員の殺傷などを禁じるハーグ陸戦法規（1899年）違反だったと考えられる。

府の要人の多くが戦局に悲観的になっている中でも、誰も敗戦を言い出せない空気の中で、「最後の一兵まで」戦う本土決戦が唱えられていた。44年9月12日の『暗黒日記』には、「いろいろ計画することが、『戦争に勝つ』という前提の下に進めている。しかも何人《なんぴと》も、そうした指導者階級は『勝たない』ことを知っているのである」と記されている(29)が、45年2月27日には「朝のラジオは相変らず軍人だ。（中略）米国は鬼畜であるとて平和熱を極力攻撃して一億玉砕を高調した」とあり、3月5日には、軍の司令官が「比島や硫黄島などでは狭くて力が出ないが、内地では充分やれるといった」旨が記されている。そのような日本軍は、44年9月から11月のペリリュー島の戦いで1万人を超える戦死傷者を米軍に強いた。同年10月のフィリピン攻防戦では、神風特攻隊の自殺攻撃を開始しており、米軍にとって大きな脅威だった。そこで、日本国民の戦意を削ぐことに戦略目標が定められ、無差別都市爆撃が行われることになったのである。東京大空襲から1カ月後、45年4月12日の『暗黒日記』には「どこに行っても戦争は、いつ終るだろうかという点に話題が向けられて行っている」とあり、米軍の戦略爆撃の効果がうかがわれる。

しかしながら、それでも軍部は、本土決戦で米軍に深刻な打撃を与えなければ、国体を守り、国民を守ることはできないと主張し続けた。[30]そして、そのような日本軍との戦いでの犠牲を少なくするためには、広島と長崎への原爆投下が必要だったというのが、米国での大方の歴史の見方である。45年4月17日の『暗黒日記』、それは清沢が亡くなるほんの一月前だったが、そこには、「国民の軍人に対する反感は、嘘のように少ないと思う」と記されていたのである。米軍の国民生活の基盤の破壊を優先する戦略は、民生部門に比べて、電気（水力）、石炭、鉄鋼、アルミ部門などの基礎的生産財の被害が比較的少ない、という結果をもたらした。戦後、経済安定本部が推計した資産的一般国富被害総額の内訳を見ると、生産財31％、消費財54％、交通財15％と消費財の被害が過半を占めていた。第８表でご覧いただけるとおり、重要基礎産業のうちでも、鉄鋼やアルミニウム、工作機械などは昭和12年を超える生産能力を維持したままで終戦時を迎えて

（29）44年に入ると重臣たちの水面下での動きが始まる。45年２月には「国体護持のために、一日も速やかに戦争終結を講ずべき」とする近衛上奏文が天皇に提出されていた。

（30）その背景には、44年９月に米国モーゲンソー財務長官が作成した対独占領政策（モーゲンソー・プラン）があった。それは、重工業施設の撤去と破壊、賠償及び強制労働、全出版物の刊行停止といった過酷なもので、ドイツは「悪魔が作った全滅計画」だと宣伝していた。

第8表 終戦時における重要物資生産設備能力

	単位	昭和12年(A)	終戦時(B)	B／A
石油精製	千トン	2,320	2,130	0.92
電力(水力)	kWh			1.59
銑鉄	千トン	3,000	5,600	1.87
鋼材	千トン	6,500	7,700	1.18
銅				0.88
アルミ	トン	17,000	129,000	7.59
マグネシュウム	トン	1,800	4,500	2.50
工作機械	台	22,000	54,000	2.45
苛性ソーダ	千トン	380	661	1.74
硫安	千トン	1,460	1,243	0.85
セメント				0.47
綿紡	千錘	12,165	2,369	0.19
人絹	千封度	570,000	88,600	0.16
スフ	千封度	451,000	184,000	0.41
梳毛	千錘	1,549	375	0.24
綿織機	台	362,604	113,752	0.31
製粉	バーレル	118,072	58,431	0.59
味噌				0.91
しょう油				1.12
缶詰	トン	84,821	228,009	2.69

備考：国民経済研究協会調べ

いる。『昭和財政史』は、そのように、重要基礎産業の被害が深刻でなかったことが、我が国の速やかな戦後復興を可能にしたとしている。[31]

投入された戦費及び物的・人的被害

臨時軍事費特別会計の総額が2219億円だったとか、外資金庫の債務総額が5228億円だったとか、いろいろな数字をご紹介したが、一体、大東亜戦争に投入されたフローの戦費は総額でいくらだったのだろうか。『昭和財政史』は、37年度から47年度までについて、臨時軍事費特別会計の経費、一般会計及び植民地特別会計等のうち直接戦争を目的とした経費、外資金庫の経費、復員費などを集計した額を7559億円としている。この間のインフレを調整した後では[32]2521億円としている。2521億円と言われても、実感がわかないが、『昭和財政史』では、53年度価格で89兆2000億円、[33]53

(31) ただし、日本の戦後復興は、東西冷戦開始による対日占領政策転換後のことであった。それまでは、ほとんどの設備は賠償物件として中国やフィリピンに解体送付されることになっていたのである。
(32) 34～36年平均を100とした物価調整後
(33) 53年度のGDPは、7兆3900億円だった。

年度予算の90倍にあたるとしている。それが、「大ばくち 身ぐるみ脱いで すってんてん」の姿であった。

では、大東亜戦争でのストックの被害額はいくらだったのだろうか。1949年に経済安定本部が出した「太平洋戦争による我国の被害総合報告書」は、軍事的被害を除くストックの被害総額を653億円と推計した上で、この被害総額には、日本が放棄した朝鮮半島や台湾、中国などからの引揚者の在外資産が含まれず、確実な根拠がない資産の被害も含まれていないことから、実際の被害総額はこれに数倍するとしている。そして、被害総額は国民総生産の3分の1を超える被害をもたらした関東大震災の被害額の5倍以上だったとしている。

ちなみに、この被害総額には含まれていないが、戦後のインフレーションで無価値になってしまった戦時公債1408億円や企業に対する政府保証債務960億円も国民が被った損害と考えることが出来よう。敗戦後、日本経済を襲った激しいインフレーションで、卸売物価は34年から36年を100として、49年には2万2000になり、戦時中の公債や政府保証債務は、ほぼ紙屑になってしまった。大増税の何倍もの負担になった半強制的な貯蓄も、ほとんど無価値になってしまったのである。それは、敗戦後、金融資産に対して行われた無差別爆撃による被害といっていいものであった。

そのようなハイパー・インフレーションは、戦時中には起こらず、戦後になって発生した。それは、先に見たような膨大な軍事費が民間に回らずに国債消化に回るメカニズムが敗戦によってなくなったことを背景としていた。臨時軍事費特別会計には、敗戦の年の2月に850億円が追加されて、ポツダム宣言を受諾した8月にも500億円以上の歳出未済額が残されていた。その未済額から敗戦後、復員兵士の解除費、軍需会社への買掛未払い金支払、損失補償金支出などが行われた[34]。それは、臨時軍事費特別会計に終期が設けられていなかったことから可能になったものであった。復員する兵士に対しては、戦時増俸を加えた1年分の退職金と3カ月分の俸給前払いが行われた。他方で生産活動が低水準で推移する中、45年10月以降、インフレが一挙に顕在化したのである。それに対して、46年1月、連合国軍最高司令官総司令部（GHQ）が行ったのが、臨時軍事費特別会計の終結であった。

（34）そのような政策の背景には、政府がインフレへの警戒よりも戦後の国民生活を重視していたことがあった。津島寿一大蔵大臣は、45年9月の金融機関との会合で、戦争終結に伴い膨大な軍事費の支出がなくなるのでこれからはデフレの傾向が出てくると発言していた。

臨時軍事費特別会計に属していた物品については、政府は、ポツダム宣言の受諾を決定した8月14日の閣議において、「軍その他の保有する軍需用保有物資資材の緊急処分の件」を決定して多量の軍用物資を民間に放出した。その閣議決定は、GHQによってポツダム宣言違反とされ、28日には取り消されて物資の回収が行われたが、多くが回収漏れとなり、隠退蔵物資事件として世間を騒がせることとなった。また、軍が持っていた多量の資産をGHQが秘密資金にして運用しているとするM資金騒動が、その後も引き起こされることになった。

最後に、大東亜戦争での日本人の人的被害について触れておきたい。大東亜戦争での日本人戦没者数は310万人、うち軍人軍属が230万人、民間人が80万人だった。衛生状態の悪い戦地では病気になる者も多く、戦病者は陸軍だけで延べ796万人と推定されている。多くの軍人軍属の家族は、兵士たちの復員まで、消息不明の夫や息子の帰還を不安を抱えて待つことになった。特にシベリアに抑留された軍人軍属は抑留中に5万5000人が死亡し、その帰還もようやく50年に始まって56年までかかった。49年には、シベリア抑留を描いた映画「異国の丘」(新東宝)が上映され、54年には、シベリアから還らぬ息子を舞鶴港の岸壁で待ち続ける母親の心を唄った「岸壁の母」が大ヒットした。戦死した兵士の家族の生活は厳しいものだった。空襲で両親を失った戦災孤児も多かった。生活のために米兵を相手とする売春を余儀なくされた女性（パンパン）も多かった。女性の被害という点では、慰安婦として占領地で日本軍と行動をともにし、敗戦後に帰国して冷たい扱いを受けた女性たちも多かった。それを歌ったのが75年、美輪明宏の「祖国と女達」だった。ちなみに、慰安婦制度は、日中戦争が長期化する中、大陸で戦い続けることになった兵士たちの慰安とともに軍紀風紀の保持（性犯罪防止）や兵の衛生（性病感染防止）のために設けられた制度であった(35)。

56年に「もはや戦後ではない」とした経済白書が公表されたが、59年に小学生になった筆者が東京で目にしていたのは、腕や足のない傷痍軍人が全身を白い傷病服に包んでアコーデオンに合わせて軍歌を歌いながら物乞いをしている姿だった。その景色がなくなったのは、東京オリンピックの64年頃だったと記憶している。引揚者の在外財産補償

（35）慰安婦制度創設の際には、慰安であれば恤兵部、軍紀保持であれば兵務課、衛生であれば衛生課ということで、所管の押し付け合いがあった（西浦進『昭和陸軍秘録――軍務局軍事課長の幻の証言』日本経済新聞出版、2014年）。敗戦後、政府が米軍人用に国内に設けさせた特殊慰安施設はGHQによって廃止された。その、GHQは米兵への性病感染防止のためなどを理由に度々パンパン狩りを行った。

問題の決着は、67年の「引揚者等に対する特別交付金の支給に関する法律」によって(36)であった。それは、内地で無差別都市爆撃を受けた戦災者などとの均衡も考慮したものであった。日本が、大東亜戦争で被った人的・物的損害をまがりなりにも乗り越えていくには、それだけの年月が必要だったのである。

【参考文献】
『昭和財政史』(第1巻：総説、一九六五年、第4巻：臨時軍事費、一九五五年、第9巻：通貨・物価、一九五六年、第17巻：会計制度、一九五九年)大蔵省昭和財政史編集室編、東洋経済新報社
『昭和財政史――終戦から講和まで』(第17巻、一九八一年)大蔵省財政史室編、東洋経済新報社
山崎志郎『太平洋戦争期の物資動員計画』日本経済評論社、二〇一六年
清沢洌著・橋川文三編『暗黒日記』(1~3)、ちくま学芸文庫、二〇〇二年
鳥居民『昭和二十年』(第一部7、東京の焼尽、二〇〇一年。第一部8、横浜の壊滅、二〇〇一年。第一部9、国力の現状と民心の動向、二〇〇一年。第一部13、さつまいもの恩恵、二〇一二年)草思社

(36) 在外財産は推計200億~300億ドルだった(GHQの暫定為替レートは1ドル＝50円)。

波多野澄雄　筑波大学名誉教授
赤木完爾　慶應義塾大学名誉教授
川島真　東京大学教授
戸部良一　国際日本文化研究センター名誉教授
松元崇　国家公務員共済組合連合会理事長

Ⓢ新潮新書

913

決定版《けっていばん》　大東《だいとう》亜《あ》戦争《せんそう》（上）

著　者　波多野澄雄《はたのすみお》　赤木完爾《あかぎかんじ》　川島真《かわしましん》　戸《と》部《べ》良一《りょういち》　松元崇《まつもとたかし》

2021年7月20日　発行

発行者　佐藤隆信

発行所　株式会社新潮社

〒162-8711　東京都新宿区矢来町71番地
編集部(03)3266-5430　読者係(03)3266-5111
https://www.shinchosha.co.jp
装幀　新潮社装幀室
組版　新潮社デジタル編集支援室

地図・図版製作　株式会社アトリエ・プラン
印刷所　錦明印刷株式会社
製本所　錦明印刷株式会社

ISBN978-4-10-610913-3　C0221

価格はカバーに表示してあります。

新潮新書

820
ケーキの切れない非行少年たち
宮口幸治

認知力が弱く、「ケーキを等分に切る」ことすら出来ない――。人口の十数％いるとされる「境界知能」の人々に焦点を当て、彼らを学校・社会生活に導く超実践的なメソッドを公開する。

520
反省させると犯罪者になります
岡本茂樹

累犯受刑者は「反省」がうまい。本当に反省に導くのならば「加害者の視点で考えさせる」方が効果的――。犯罪者のリアルな生態を踏まえて、超効果的な更生メソッドを提言する。

659
いい子に育てると犯罪者になります
岡本茂樹

親の言うことをよく聞く「いい子」は危ない。自分の感情を表に出さず、親の期待する役割を演じ続け、無理を重ねているからだ――。矯正教育の知見で「子育ての常識」をひっくり返す。

903
どうしても頑張れない人たち
ケーキの切れない非行少年たち2

宮口幸治

彼らはサボっているわけではない。頑張れないがゆえに、切実に助けを必要としているのだ。困っている人たちを適切な支援につなげるための知識とメソッドを、児童精神科医が説く。

874
コンビニは通える引きこもりたち
久世芽亜里

「9割近くは外出している」「不登校がきっかけは2割以下」「半数近くは7年超え」――。親は、社会は、何をすればいいのか。激変する昨今の引きこもり事情とその支援法を徹底解説。

新潮新書

882
スマホ脳
アンデシュ・ハンセン
久山葉子訳

ジョブズはなぜ、わが子にiPadを与えなかったのか？ うつ、睡眠障害、学力低下、依存……最新の研究結果があぶり出す、恐るべき真実。世界的ベストセラーがついに日本上陸！

908
国家の尊厳
先崎彰容

暴力化する世界、揺らぐ自由と民主主義——日本が誇りある国として生き延びるために、国と個人はいったい何に価値を置くべきか。令和を代表する、堂々たる国家論の誕生！

900
毒親の日本史
大塚ひかり

ヤマトタケルを死地に追いやった父、息子のラブレターを世間にさらした藤原道綱母、用が済んだら子も孫も抹殺した北条氏——親子の愛憎が日本の歴史を動かしてきた！

896
ロシアを決して信じるな
中村逸郎

北方領土は返還不可、核ミサイルの誤作動、ありふれた暗殺、世界最悪の飲酒大国、「偽《にせ》プーチン」説の流布……第一人者が不可思議な現地体験で驚愕し、怒り、嗤《わら》いつつ描く、新しいロシア論。

898
中国が宇宙を支配する日
宇宙安保の現代史
青木節子

宇宙開発で米国を激しく追い上げる中国は、その実力を外交にも利用。多くの国が軍門に下る結果となっている。覇者・米国はどう迎え撃つのか？ 「宇宙安保」の最前線に迫る。